훌륭한 인격이란
성품이 선하고 올곧은 것만을 의미하지 않는다.

보다 높은 이상을 향해 나아가며
타인에게 영감과 에너지를 전하고
존경받는 성공을 이루는 것,

이것이 훌륭한 인격이다.

:: 일러두기
   이 책의 원서는 1921년 출간되었습니다. 편집 과정에서 옮긴이의 동의를 얻어 번역 원고의 일부 단어와 표현을 현대의 실정에 맞게 수정하였음을 밝힙니다.

인격수업

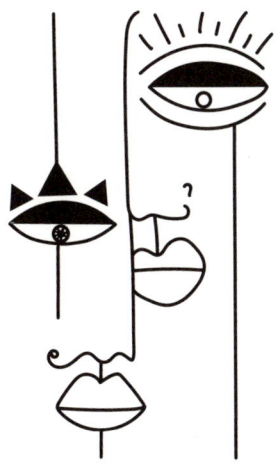

품위 있고 존경받는 성공을 만드는 삶의 비밀

오리슨 스웨트 마든 지음 | 추미옥 옮김

행복한작업실

차례

- 첫 번째 수업 • **인격이란 무엇인가?**
  보이지 않고 잡을 수 없지만, 반드시 바깥으로 드러나는 그것 __ 006

- 두 번째 수업 • **인격이 가진 힘**
  나의 삶과 타인의 인생에 미치는 가장 큰 영향력 __ 015

- 세 번째 수업 • **뛰어난 인격은 어떻게 만들어지는가?**
  미래의 어느 날에 누군가 그대를 기다리고 있다, 당신이 되고자 하는 바로 그 사람이 __ 025

- 네 번째 수업 • **인격과 매력**
  나에게서 나가는 것이 결국에는 되돌아온다 __ 037

- 다섯 번째 수업 • **인격과 사회적 성공**
  인격 자본 __ 046

- 여섯 번째 수업 • **그릇된 자기애를 극복하는 인격**
  당신에게 옳은 것이 모두에게 옳은 것은 아니다 __ 058

- 일곱 번째 수업 • **평판은 어떻게 만들어지는가?**
  스스로 생각하는 당신과 사람들이 알고 있는 당신의 차이 __ 069

- 여덟 번째 수업 • **담대함에 대하여**
  항상 타인의 시선을 신경 쓰고 실패를 두려워하는 당신에게 __ 078

- 아홉 번째 수업 • **이기적으로 얻어낸 이윤의 대가**
  이기심이야말로 당신의 가장 큰 적이다 __ 090

- 열 번째 수업 • **예의란 무엇인가?**
  바른 인격은 자연스럽게 품위와 예의를 동반한다 __ 102

- 열한 번째 수업 • **심리학에 대하여**
  심성을 개발하고 인격을 형성하는 일은 사실 대단히 과학적이다 __ 113

- 열두 번째 수업 • 습관과 성공은 어떻게 연결되어 있는가?
우리의 삶은 수만 가지의 습관으로 이루어져 있다 __ 130

- 열세 번째 수업 • '나'를 발견하는 여정의 표지판들
당신이 더 나은 사람이 될 것이라는 삶의 신호들을 무시하지 말라 __ 139

- 열네 번째 수업 • 솔직하게 있는 그대로의 나를 받아들인다는 것
진실하라, 그리고 계속 진실하라! __ 151

- 열다섯 번째 수업 • 자립심에 대하여
나를 일으켜 세우고 성공으로 이끌 유일한 사람은 바로 나 자신이다 __ 162

- 열여섯 번째 수업 • 옷차림과 외모를 가꾸는 일의 중요성
옷차림에 신경 쓰는 일은 나와 타인에 대한 존중을 드러내는 것 __ 175

- 열일곱 번째 수업 • 삶의 균형을 지키는 습관
건강과 행복을 희생해서 얻은 성공이 무슨 소용이 있을까? __ 189

- 열여덟 번째 수업 • 말을 잘한다는 것의 의미
어떻게 대화의 기술을 키울 수 있을까? __ 206

- 열아홉 번째 수업 • 올바르게 꿈꾸고 정의롭게 성공하는 길
당신이 가진 야망과 꿈은 과연 정당한 것인가? __ 214

- 스무 번째 수업 • 능률적인 삶을 만드는 방법
일에서 성공하기보다는 인생에서 성공하는 것을 택하라 __ 227

- 스물한 번째 수업 • 시간에 대하여
당신에게 주어진 오늘 하루를 무엇으로 채울 것인가? __ 245

- 스물두 번째 수업 • 평온함, 삶이 도달할 수 있는 최고의 경지
심연에 닿은 빙산처럼 흔들림 없이 나아가라 __ 255

- 옮긴이의 글 •
평생 최상의 삶을 향해 나아갔던 한 인간의 살아 있는 가르침 __ 267

· 첫 번째 수업 ·
인격이란 무엇인가?

보이지 않고 잡을 수 없지만, 반드시 바깥으로 드러나는 그것

월트 휘트먼은 말했다.

"머리에서 발끝까지가 그 사람을 다 담을 수는 없다."

사람에게는 육신에 한정되지 않는 무언가가 있다. 그것은 두뇌에도, 몸에도 속하지 않으며, 그의 삶을 이야기하는 전기 작가도 잡아낼 수 없고, 사진도 포착할 수 없지만, 우리는 그것을 느낀다. 그것은 존재가 뿜어내는 실제적인 생명력이며, 전기(電氣)처럼 신비롭고 이해하기 어려운 그 무엇이다. 우리가 사람의 분위기 또는 매력이라고 부르는 그것은 신체의 한계를 초월한다. 어떤 사람은 그것이 다른 사람에 비해 훨씬 두드러진다. 사람을 끌어당기는 힘이 강한 사람에게 가까이 가면, 그 사람과 살이 닿을 만큼 근접하기도 전에 이미 강한 존재감을 느낀다. 실제적인 힘을 지닌 섬세한 빛이 마치 후광처럼 그들을 둘러싸고 있다.

어떤 사람은 '사람의 기운'이라는 것이 사람의 몸이 발산하는 일종의 자기장이며, 이것은 개인의 성격과 인품에 따라 다양한 형태를 띤다고 주장한다. 사람의 기(氣)를 읽을 수 있다고 말하는 이들은 기가 냉엄한 탐조등과 같아서 그것으로부터 우리의 은밀한 자아를 조금도 숨길 수 없다고 말한다.

기, 매력 혹은 그 어떤 이름으로 부르든, 말로 표현할 길 없고 정의내릴 수 없는 신비로운 사람의 분위기는 엄청난 힘을 가지고 있다. 그것은 사람을 끌어당기기도 하고 밀어내기도 한다.

시각장애인이자 청각장애인인 헬렌 켈러(Helen Adams Keller·미국의 인권운동가)는 어떤 사람들에게서는 가까이 다가올 때 뚜렷한 힘이 느껴진다고 말했다. 그 사람의 성격에 따라 그 힘에 끌리기도 하고 멀찍이 거리를 두게 된다고도 했다. 주변 사람들의 말에 따르면, 그녀는 사람의 도덕성을 직감할 수 있어서 악한 사람이 가까이 오면 마치 무언가가 자기를 해칠 듯이 본능적으로 몸을 움츠렸다고 한다. 그녀는 사람의 성품을 느낄 수 있었던 것이다.

헬렌 켈러는 사람에 대한 직감이 극도로 발달해서 어떤 사람에게서 느껴지는 분위기로 그 사람의 인성을 파악할 수 있었다. 그녀는 청중 앞에서 얘기할 때 각 사람들에게서 전해오는 울림으로 그곳에 대략 어느 정도의 사람이 모여 있는지를 알아차렸고, 그 자리에 있는 사람들의 기질과 성격에 영향을 받았다.

사람은 누구나 자기만의 분위기를 가지고 있고, 그 사람의 모든 특성이 그 안에 배어 있다. 우리는 우리 자신이 아닌 것, 우리의 가치관과 다른 것을 풍길 수 없는 법이다. 그것은 다른 사람을 끌어당기게도 하고 멀어지게도 만든다. 사람의 분위기는 사회생활에도 영향을 미친다.

어떤 사람이 우리의 집에 왔다가 갔을 때, 심지어 우리 삶에서 누군가가 떠나갔을 때, 우리는 그 사람이 어떤 사람인지에 대한 느낌이 생생해지고는 한다. 그들이 머물렀던 집이나 그들이 자주 갔던 장소들에는 어떤 느낌이 남아 있다. 이 느낌을 말로 설명하기는 힘들지만 우리는 이것을 예리하게 감지한다. 훌륭한 어머니는 무덤에 묻히고 오랜 시간이 지나도 존재감을 집에 남긴다. 오랜 세월 동안 가족은 어머니의 존재를 분명하게 느끼기도 한다. 애지중지했던 자식이 세상을 떠났을 때도 마찬가지다. 소중한 사람이 우리 곁을 떠나면 그 사람의 어떤 것이 오래토록 남아 우리는 그것을 느끼게 된다. 이런 것은 결코 상상의 산물이 아니다.

워싱턴, 셰익스피어, 베토벤, 루스벨트 같은 위인의 집을 방문해 본 사람은 그들의 인품을 꽤 분명하게 느낀다. 그들이 앉았던 책상과 의자, 서재의 탁자, 고요한 피아노나 그 밖의 다른 악기 그리고 방의 커튼에서도 어떤 개성이 느껴진다. 나는 휘티어(John Greenleaf Whittier·미국의 시인이자 언론인)의 고향집에서 그의 존재를 매우 강하게 느끼고는 했다.

사람을 끌어당기는 힘을 지닌 큰 인물들에게는 분명 그들만의 분위기 또는 아우라가 있다. 이것은 세월도 앗아갈 수 없다. 나는 시오도어 루스벨트(Theodore Roosevelt·탐험가, 군인, 미국의 26대 대통령)가 살아 있을 때에도 그의 집에 자주 갔지만, 그가 고인이 된 후에도 자녀들과 함께 그 집을 방문하는 특권을 누렸다. 그의 집에 있노라면 이 위대한 사나이의 존재감이 마치 그가 그곳에 살아 있는 것처럼 뚜렷하게 느껴졌다. 그의 뛰어난 인성이 집 안의 모든 것에 배어 있을 뿐만 아니라, 그가 무척이나 사랑했던 바깥의 자연에서도 느껴졌다. 그가 장작을 패고 스포츠를 즐기며 넘치는 혈기를 뿜어냈던 땅과 숲, 예배를 드렸던 작은 교회에도 여전히 그의 존재감이 스며 있었다.

성공적인 사업가가 운영하는 곳에 가면 야망이 태동하는 기운이나 미묘한 영향력이 느껴지는 것을 누구나 한 번쯤 겪어봤을 것이다. 그 이유는 그곳을 채우고 있는 활발하고 힘이 넘치며 긍정적인 진동들 때문이다. 사업장을 운영하는 사람이 기운이 넘치면 사업장 전체에서 그 기운을 느낄 수 있다. 반면 꼭대기 자리에 앉은 사람이 나약하고 단호하지 못하며 우유부단한 성향이거나 패기와 열정과 추진력이 부족하다면 그곳에 들어서는 이는 부정적인 진동을 느끼게 된다. 마찬가지로 당신에게 있는 내공을 세상도 감지한다. 당신에게 힘이 있으면 그 힘이 밖으로 드러나기 마련이다. 당신의 발전기가 강력한지 약한지, 당신이 감당할 수 있는 무게가 큰지 작은지, 당신이 대인배인지 소인배인지, 승자인지 패자인지 사람들은 안다. 당신은 당신이 가지고 있는 것만큼만 발산할 수 있다. 타인에게 아무리 좋은 인상을 주려고 노력해도 취약한 사람에게서는 취약함이 그대로 드러난다.

애석하게도 많은 사람이 달과 같이 차갑고 생명력이 없는 존재로 살아간다. 그들에게는 공기가 없는 달처럼 남을 끌어당기는 힘이 없다. 그런 사람들에게서는 온기와 영혼의 햇살을 느낄 수 없으며, 인품의 빛깔도 느끼기 힘들다. 반면에 태양처럼 온기와 빛과 경쾌함과 기쁨을 발산하는 사람들이 있다. 윌리엄 딘 하우얼스(William Dean Howells·미국의 소설가)는 롱펠로(Henry Wadsworth Longfellow·미국의 시인)를 두고 "그가 다녀간 뒤로 우리 집이 더 빛

누구나 자신이 가진 것만큼만 발산할 수 있다.
다른 사람이 나에게서 내가 갖지 못한 것을
느끼도록 만드는 일은 불가능하다.

이 납니다."라고 말했다. 롱펠로가 지닌 영적인 온기와 빛은 필립스 브룩스(Phillips Brooks) 목사에게서도 두드러졌다. 보스턴에서는 날씨가 아무리 우중충하고 흐려도 브룩스 목사가 거리를 지날 때면 마치 구름이 걷히고 해가 비치는 것 같다고 말하는 사람들이 종종 있었다. 이 비범한 인물에게서는 누구나 느낄 수 있는 무언가가 뿜어져 나왔다. 나는 낯선 사람들이 길을 가다가 브룩스 목사를 지나칠 때 고개를 돌려 그를 쳐다보는 장면을 종종 목격했고, 사람들의 표정에서 경탄과 경외심을 읽을 수 있었다. 그들도 그가 걸출한 인물임을 의식했던 것이다.

내가 존경하는 한 목사는 이렇게 말했다.

"스스로 알지 못하는 가운데 사람들을 행복하게 만드는 것은 참 놀라운 재주예요. 이 장미와 카네이션 덕분에 나의 하루가 행복합니다. 하지만 정작 이 꽃들은 꽃병에 옹기종기 모여 있으면서도 나의 이런 느낌을 알지 못하고 자기들이 주는 은혜로움을 인식하지 못하고 있어요. 만약 사람이 다정다감함이나 차분함, 용기, 희망, 기쁨을 저절로 풍긴다면 어떨까요? 이 같은 기질은 마음이 넓고 천성이 올곧은 사람의 좋은 품성에서 나오는 것이지요. 이러한 품성은 그것을 소유한 주인만 행복하게 만드는 것이 아니라, 훨씬 큰 영향력을 가지고 있어요. 신은 천성적으로 충만한 성향을 지닌 사람들을 세상에 보내시는 법. 그런 사람들은 도량이 크고 존재 자체가 빛나며, 자연스레 우러나오는 행동과 품행이 주변 사람들을 차분하게 만들고 기분 좋게도 하며 도움을 주기도 하지요. 사람들에게 행복을 퍼뜨리는 그들에게 신의 축복이."

이 말이 브룩스 목사에게 딱 맞는 말이라는 사실을 나를 포함해서 그를 아는 특권을 누린 사람들이라면 충분히 이해할 것이다. 나는 보스턴에서 공부하던 시절에 브룩스 목사의 주일학교에 참석할 수 있었다. 나에게는 잊을 수 없는 영광스러운 추억이다.

만일 요정이 나에게 딱 한 가지 소원을 들어주겠다고 한다면, 나는 유쾌하고 밝은 성격을 달라고 할 것이다. 자기 자신과 주변 사람들에게 끊임없는 기쁨을 줄 수단으로 밝은 성격보다 나은 것은 없을 것이다.

대가족이 사는 집에서 가족 중 한 사람이 빛과 기쁨과 즐거움과 유쾌한 분위기를 집안 전체에 퍼뜨리는 것을 목격하고는 한다. 반면에 성격이 괴팍하고 투덜거리며 트집을 잡고 시샘하며 표정이 부루퉁한 가족 구성원이 온 집안을 침울하게 만들고 불화를 일으켜서 집안사람 모두의 기분을 망쳐놓는 일도 허다하다.

내가 아는 한 가정주부는 유쾌한 태도와 밝은 성격으로 가족에게 삶의 활력을 불어넣는다. 무슨 일이 생기건 그녀의 얼굴에서는 사람의 기운을 북돋고 위안을 주는 미소가 떠나지 않는다. 힘든 일을 겪은 사람은 그녀에게 달려가 얘기를 듣고자 한다. 마치 꽃이 하루 종일 해가 움직이는 대로 고개를 움직이듯 아이들의 눈은 엄마를 향해 있고 그 곁을 계속 맴돈다.

   삶의 여행길에서 빛과 축복과 위안을 발산할 수 있는 힘이 우리 모두에게 있다는 사실은 얼마나 멋진 일인가? 평화와 조화와 행복을 느끼게 하는 사람들을 우리는 안다. 우리는 평온하고 빛나는 이 영혼들에게서 오는 온화한 힘에 둘러싸이는 경험을 한다. 이들을 만나는 사람은 누구나 그들의 인품이 지닌 품위와 매력으로 인해 충만함을 맛본다. 당신이 아직 그런 인품을 조금이라도 갖지 못했다면, 사람들이 당신에게서 풍기는 아름다운 인품의 향기를 느끼지 못한다면, 당신은 아직 당신 자신을 최상으로 표현하는 삶을 살고 있지 못한 것이다. 아무리 많은 재산을 모으고 뛰어난 과업을 성취했다 해도 온전한 의미의 성공은 이루지 못한 것이다. 안정된 인격을 갖추지 못하고서 훌륭한 삶을 사노라고 말할 수는 없다. 전문가로서는 성공했을지 몰라도 한 인격체로서는 아직 성공한 것이 아니다.

• 두 번째 수업 •
인격이 가진 힘

나의 삶과 타인의 인생에 미치는 가장 큰 영향력

하루 동안 만나는 많은 사람들 중에 다시 떠올리지 않는 사람이 얼마나 많은가. 그 이유는 그들에게서 별다른 인상을 받지 못해서다. 외모나 태도, 말에서 다른 사람들과 구별되는 뚜렷한 개성을 느끼지 못했기에 눈에서 멀어지고 나면 생각에서도 멀어진다.

한편 딱 한 번 보았지만 인상이 오래 남는 사람들이 있다. 그들이 지닌 무엇인가가 우리의 기억에 잘 지워지지 않는 도장을 찍는다. 그들의 사고방식과 태도는 타인을 압도해서 대부분의 사람이 본능적으로 그들을 따르게 된다. 그들은 힘을 발산하며 동시에 자신의 힘을 다른 사람에게 전해준다.

대니얼 웹스터(Daniel Webster·미국의 정치인)와 함께한 사람들은 그와 함께 있을 때 자기들의 능력과 힘이 배가되는 느낌을 받는다고 말하고는 했다. 이 거장의 내면에서 뿜어져 나온 힘이 주변 사람들의 역량을 증대시켰던 것이다. 브룩스 목사와 마찬가지로, 웹스터를 모르는 사람들도 길에서 그를 지나치면 그에게서 풍기는 강한 인상 때문에 고개를 돌려 다시 보고는 했다.

내가 존경하는 인성의 소유자와 함께 있을 때 왠지 모르게 힘이 생기고, 내가 더욱 능력 있는 사람이 된 것 같고, 일을 수행하는 추진력이 놀라울 정도로 커지는 것을 느껴본 적이 있는가? 그런 영향력이 나를 받쳐주고 지지해줄 때 무슨 일이든 할 수 있을 것 같지는 않던가? 그럴 때에는 그의 역량이 나의 역량과 합쳐지고 그의 능력이 나의 능력과 뒤섞이는 듯한 체험을 하게 된다. 마치 그의 정신세계와 나의 정신세계가 합쳐지는 기분을 느낀다. 또한 다른 사람에게는 드러내기 어려운 이야기도 그 사람에게는 할 수 있다는 사실에 놀라기도 한다.

다급한 상황이나 위기에 처해서 나 자신이 무력하고 무능하게 느껴질 때 어떤 사람이 나타남으로써 상황이 뒤바뀌는 경험을 종종 하지 않는가? 나를 지지하고 끌어주는 힘이 지체 없이 나를 도와주러 왔다는 사실에 크게 안심한 적은 없는가? 그럴 때 우리는 더 이상 소심하지도 않고 부족하지도 않다. 우리는 그 상황을 효과적으로 다룰 수 있는 능력자가 된다. 위기에 처했을 때 강하고 선한 인품을 지닌 사람으로부터 지지를 얻는 것만으로도 많은 것을 해결할 수 있게 된다. 그래서 때때로 우리는 내 안에 잠재해 있지만 격려를 받지 못해 발휘할 수 없었던 능력이 깨어나도록 고무시켜줄 사람을 필요로 한다.

나폴레옹의 병사들은 나폴레옹과 함께 있는 것만으로도 5만 명의 원군을 얻은 것처럼 느꼈다. 나폴레옹이라는 존재는 병사들에게 마법 같은 힘을 발휘했다. 그의 존재는 겁쟁이를 용맹하게 만들었고, 모두의 사기를 충천시켰으며, 용기와 능력을 배가되게 했다. 나폴레옹이 함께 있을 때 병사들은 천하무적이 되었다. 나폴레옹이 병사들을 거느리고 온다는 소문만으로도 적들은 공포에 떨었고 패배감에 가라앉았다. 나폴레옹이 이끄는 프랑스 군사와 싸우는 것은 운명을 거스르는 것과 같다는 사실을 적들은 알았다.

위대한 인물이 지닌 저력과 영향력을 그 누구보다도 분명하게 보여준 이가 바로 시어도어 루스벨트다. 불굴의 정신력을 보여준 루스벨트가 공직에 있었던 40년 동안 미국인들은 그의 거인다운 면모를 느낄 수 있었다. 루스벨트가 어디에 있든 그의 비범함이 늘 따라다녔고, 그에 대해 잘 모르는 사람들에게도 상당한 관심을 불러일으켰다.

루스벨트의 인품은 무척 역동적이고 힘이 있어서 계곡을 따라 흐르는 급류나 나이아가라 폭포 혹은 무한한 힘과 에너지를 연상시켰다. 그는 자신의 반경 안에 들어오는 사람들을 매료시키는 독특한 힘을 가지고 있었고, 그 힘은 사람들을 강하게 사로잡았다. 제법 정신력이 강한 사람도 그 앞에서는 자기 의견을 고수하기가 힘들다고들 했다. 사람들은 대체로 루스벨트의 자석 같은 힘에 이끌려 그의 시각에 동조하고는 했다.

한 뛰어난 신문 편집장은 친구에게 루스벨트에 대해 이렇게 말했다.

"나는 루스벨트를 숭배하는 사람이 아니야. 자네도 알다시피 난 여러 해 동안 우리 신문을 통해 그 사람을 비판했지. 난 루스벨트의 생각에 동의하지 않아. 그가 하는 말과 행동의 많은 것들이 마음에 들지 않거든. 하지만 루스벨트와 같은 방에 있을 때면 사람을 끌어당기는 그의 힘에 맞설 수가 없어. 마치 자석처럼 사람을 끌어당긴단 말이지. 루스벨트는 현시대 사람들 중에서 가장 탁월한 인격의 소유자인 것 같아. 단 5분 얘기를 나누었을 뿐인

데, 사람을 매료시키는 그 힘에서 벗어나 다시 이전처럼 비판의 펜대를 놀리려면 24시간이 걸린다고!"

태양이 행성들을 중력으로 붙들고 있듯이 루스벨트와 같은 위인들은 자신들의 인품이 지닌 매력과 말로 표현하기 힘든 존재감으로 사람들을 사로잡는다.

루스벨트가 대통령으로 있을 때 소집한 주지사 대회가 백악관에서 열렸다. 나도 그곳에 있었다. 그 자리에는 주지사들뿐 아니라 미국 대법원 법관들과 의회 지도자들, 그 외 각 주의 저명인사들이 참석했다. 미국 역사상 최고의 회동이라 불린 행사였다. 그리고 그 자리에서 루스벨트 대통령은 쉬이 좌중을 압도했다. 단상에 올라 얘기하는 다른 모든 사람들이 왜소해 보일 정도였다.

어떤 사람은 특정한 기질의 사람들에게는 강한 영향력을 발휘하지만, 그 외의 사람들에게는 조금도 영향을 주지 못한다. 하지만 루스벨트의 인품은 모두에게 영향을 미쳤다. 신은 이 사람 안에 엄청난 힘을 몰아넣어주어서 거의 모든 분야에 광범위한 영향을 미치게 했다. 루스벨트는 최상류층과 최하층, 지식인과 배운 게 없는 사람, 그 밖에 세상 어디에서 누구를 만나든 독특한 관심을 불러일으켰다. 루스벨트는 세계 모든 나라와 민족들에게 널리 알려졌으며, 수많은 이들에게 좋은 사람으로 기억되고 있다.

태프트(William Howard Taft·미국의 27대 대통령)가 대통령이던 시절에 나는 알래스카의 원주민 지역을 여행한 적이 있다. 당시 원주민 부족장 한 사람이 내가 루스벨트를 개인적으로 안다는 이야기를 어디서 들었는지 나를 한쪽으로 부르더니, 정부가 자기네 부족을 다른 곳으로 이주시킬 계획에 대해서 이야기했다. 그 부족이 살고 있던 섬은 부족민들 대부분이 나고 자란, 소중한 고향이자 생활 터전이었다. 부족장은 모든 원주민이 알래스카 북부로 이주하게 된다고 말하며, 루스벨트에게 이 계획을 중지시키도록 말해 달라고 나에게 간곡히 부탁했다. 나는 그에게 루스벨트는 더 이상 대통령이 아니며 이제는 태프트가 대통령이니 이 일을 도와줄 사람은 태프트라고 말해주었다. 하지만 부족장은 다른 사람은 알 바 아니라고 말하면서 루스벨트만이 자신들을 도울 수 있다고 고집했다.

매력적인 인품은 어디에서나 승리한다. 한 신문 편집장이 노스클리프 경(Viscount Northcliffe·영국의 언론인, 〈데일리 메일〉, 〈데일리 미러〉 등의 신문을 창간하고 신문 대중화에 앞장섰다)을 취재하러 갔다 온 뒤 무얼 좀 얻었냐는 질문을 받았다. 그는 답했다. "뭘 얻었냐고? '뭘 줬냐?'는 질문이 맞네. 노스클리프 경은 나에게서 다 가져가고선 준 건 아무것도 없어."

한번은 어떤 젊은 친구를 뉴욕에 있는 이름난 보험 중개인에게 보내서 무일푼으로 출세한 그의 얘기를 취재하게 했다. 그 이야기를 책으로 출판할 계획이었다. 그가 돌아왔을 때 나는 어떤 이야기를 얻어냐고 물었다. 그는 대답했다. "아뇨. 얻은 것은 그쪽이에요." 그 보험 중개인은 젊은이에게 5,000달러짜리 보험 상품을 들게 했던 것이다. 젊은이는 자신이 부담할 수 없는 수준의 상품이었지만 도저히 빠져나올 도리가 없었다고 했다.

변호사 루퍼스 초우트(Rufus Choate·미국의 변호사이자 정치인)는 정직하며 소신이 있는 사람이었다. 사람의 마음을 설득하고 사로잡는 그의 탁월한 재능은 배심원들의 연약한 마음을 완전히 지배하고는 했다. 그는 배심원들 앞에서 여러분의 결정이 곧 나의 결정이라고 호소했다. 이 뛰어난 변호사는 자기의 정신을 배심원들에게 완전히 투사시켜서 그 순간만큼은 배심원들이 자기 생각을 얘기하는 것이 아니라 초우트의 생각을 얘기하게끔 만들었다. 배심원들은 무의식적으로 초우트의 입장에서 생각하고 초우트의 관점을 따랐다. 그들은 판결을 내리고 난 뒤에도 이 탁월한 변호사의 영향력에서 쉽게 벗어나지 못했다. 판결 이후 며칠 동안 그의 지배적인 힘을 느끼고는 했다.

제임스 G. 블레인(James Gillespie Blaine·미국의 정치인)은 자신의 카

강압적이거나 윽박지르는 태도로
타인을 굴복시킬 수는 있다.
하지만 그런 태도로는 결코 타인을 사로잡을 수 없다.
오로지 훌륭한 인품만이 상대방을 완전히 지배하면서도
그로부터 존경을 얻을 수 있다.

리스마로 거대한 군중을 설득할 수 있었다. "그의 적들도 그의 매력에서 벗어나기가 힘들었다." 고인이 된 전 상원의원 호어(George Frisbie Hoar)의 말이다.

윌리엄 딘 하우얼스는 조지 윌리엄 커티스(George William Curtis·미국의 작가이자 대중 연설가)를 두고 다음과 같이 말했다.

"훌륭한 인물은 많다. 하지만 그들 대부분은 사회적 명성이나 지위로 인식되는 흔한 위인들이며, 죽고 나면 우리의 기억에서도 사라진다. 그들이 살았든 죽었든 하나같이 우리와는 거리가 먼 사람들이기 때문이다. 그들은 우리가 사는 곳에서 우리와 함께한 적이 전혀 없다. 그러나 이 위대한 인물은 이웃이었고 동시대인이었으며, 그의 글을 읽었거나 그에 관한 얘기를 들은 사람들 모두에게 친구였다. 모든 것이 재빨리 잊히는 이 전기 문명의 시대에도 그의 인품이 남긴 흔적은 사람들의 마음과 생각에서 지워지지 않을 것이다."

필립스 브룩스 목사는 말했다.

"우리는 밝고 믿음직하게 빛나며 우리에게 조용한 빛을 거저 부어주는 그 별들과 같은 존재들에게, 그들의 삶에 큰 빚을 지고 있다. 우리는 그들에게서 깊은 내면의 평온함과 용기를 얻는다. 우리가 다른 사람들을 위해 할 수 있는 일이 없을지라도 그들에게 무엇인가가 될 수 있다는 사실을 알면 좋겠다. 남자든 여자든 그 어떤 미천한 사람이든 강하고 친절하고 순수하고 착한 마음을 지닌 사람이라면 반드시 세상은 그로 인해 더 나은 곳이 되는 법이다. 그 선함이 존재함으로써 누군가는 반드시 도움과 위로를 받는 법이다."

• 세 번째 수업 •
뛰어난 인격은 어떻게 만들어지는가?

미래의 어느 날에 누군가 그대를 기다리고 있다,
당신이 되고자 하는 바로 그 사람이

칸트(Immanuel Kant · 독일의 철학자)는 말했다.

"교육의 목표는 사람에게 영향을 미치는 어떤 것을 완전히 주는 것이다."

또 한 작가는 말했다.

"딱 한 가지 위대한 의무는 자아의 본래 모습을 찾는 것이며, 자아의 능력을 최대한 끌어내는 것이다."

우리 모두는 우리 안에 두 가지 모습이 있다는 것을 의식한다. 우리의 실제 모습과 우리가 될 수 있는 모습이 그것이다. 우리가 될 수 있는 모습이란 가능성을 실현한 자신이며, 최고의 인성을 지닌 자신이다. 우리는 우리가 한 일들과 현재 우리의 모습이 우리가 할 수 있고 될 수 있는 것에 못 미친다는 사실을 알고 있고, 또한 신께서 의도한 우리 모습에도 미치지 못한다는 점을 인식하고 있다.

세상은 현재 우리의 모습과 실제로 성취한 것을 두고 우리를 판단하지만, 우리는 우리가 무엇을 할 수 있으며 얼마나 발전할 수 있는지를 놓고 스스로를 평가해야 한다. 우리 안에는 더 뛰어난 무언가를, 우리가 실제로 성취한 것보다 훨씬 더 큰 무언가를 해낼 수 있다고 말하는 목소리가 있다.

'미래의 어느 날에 그 사람이 당신을 기다리고 있다. 당신이 되고자 하는 바로 그 사람이.'

어쩌면 당신은 그 사람의 모습을 얼핏 보았을지도 모른다. 보다 야심찼던 시간 속에서, 원대한 포부를 품은 순간들에 더 큰 자신의 모습을 엿보았을 것이다. 그런 자신의 모습을 왜 구석에 숨겨 놓는가? 그보다 작은 자아가 삶을 대신 살게 하고, 우리를 대변하게 하는 이유가 무엇인가? 당신 안에 있는 더 크고 훨씬 뛰어난 사람, 신께서 당신에게 되라고 한 그 멋진 사람을 불러내어 당신의 삶을 펼치게 하는 것이 어떤가?

많은 사람이 자기 안의 거대한 잠재력을 끌어내지 못하는 중요한 이유 중 하나는 더 크게 성장하는 자기의 이미지를 갖고 있지 않기 때문이다. 최고의 가능성에 이르는 목표를 붙들고 있지 않은 것이다. 스스로에 대해 그리고 자신의 역량에 대해 한계를 정하고 자신의 가치를 낮게 보는 한 참으로 큰 사람이 될 수도 없고 큰일을 할 수도 없다.

우리 모두는 삶이라는 대리석을 가지고 나 자신을 조각하고 있다. 우리가 어떤 사람이 될지는 우리가 어떤 모델을 놓고 조각하는가에 달려 있다. 최상의 인품에 도달하기 위해서는 최상의 목표를 품어야만 한다. 모든 것이 이 모델에 달려 있다. 그 어떤 조각가도 자기 안에 가지고 있는 것보다 더 멋진 모델을 조각해낼 수는 없다. 그 어떤 화가도 자기 머릿속에 존재하는 그림보다 뛰어난 그림을 그릴 수는 없다. 오직 자신이 가진 이상을 따를 수 있을 뿐이다. 세상에서 가장 뛰어난 화가일지라도 유다의 이미지를 놓고 그리스도를 그릴 수는 없다. 그리스도를 화폭에 옮기려면 그리스도를 향한 이상과 모델이 있어야만 한다. 건축가 역시 설계도에 나와 있는 것보다 월등한 건축물을 세울 수는 없다. 설계도가 그의 모델이다.

우리는 매일 삶을 바꾸어간다. 어제의 나와 오늘의 나는 다르며, 이후로도 늘 그대로인 나는 있을 수 없다. 삶은 연속적인 흐름이다. 내 몸의 수십억 개 세포는 계속해서 새로 만들어지고 변화한다. 나의 인품은 내가 지닌 욕망과 감정에 의해 형성되고 나의 사고들로 인해 변화한다.

육체적으로나 정신적으로 또는 도덕적으로나 영적으로 가장 나은 사람이 되고자 한다면 최상의 나를 늘 마음에 품고 있으라. 나의 가장 고귀한 모습과 가장 원대한 꿈을 그리며 그것을 모델로 삼으라. 그리고 이 모델이 삶의 영원한 지표가 되도록 힘쓰라. 나를 떠올릴 때마다 완전함, 진리, 아름다움, 정의, 조화로움을 상상해보라. 스스로를 신체적·정신적·도덕적·영적인 모든 면에서 아름다운 사람이라고 생각해보라. 나 자신을 '내가 되고 싶은 사람'으로 그려보라. 완전함은 우리가 날 때부터 받은 권리며, 나라는 존재가 궁극적으로 성취해야 할 목표점이다.

스스로 열등하다고 믿고 그 열등감이 내면에 도사리고 있다면, 삶에서도 그것이 발현된다. 자기에게 결함이 많다고 여긴다면 그것들을 마음에서 싹 걷어내라. 나에 대한 더 나은 모델을 갖지 않는 한 더 나은 사람으로 성장할 수 없다. 어떤 젊은이가 변호사가 되기 위해 법학도의 길을 걸으면서 스스로 대단한 변호사가 될 수 없다고 믿고 미래에 싸구려 변호사가 되어 있는 자신의 모습을 그리는데 과연 그 젊은이가 훗날 법조계의 리더가 될 날이 올까? 그는 아마 자신이 상상한 대로 될 것이다.

자신의 약점에 매여 납작 엎드려 살지 말고 재능을 최대한 발휘하는 삶으로 올라가라. 마음속에 훌륭한 모델을 품고 있으면 삶의 폭이 넓어지고 정신세계도 커지며 무지함에서 벗어나게 된다. 취약한 갈대 같은 존재, 심지가 없는 해파리 같은 모습을 자기 이미지로 갖고 있는 한 그와 반대되는 사람은 될 수 없다. 당신에게 열등감이나 취약함을 불러일으키는 말 따위는 과감하게 무시하라. 가장 좋은 나, 가장 건강한 나의 모습을 간직하라. 그 모습의 주인이 되라!

자기의 가능성을 100퍼센트 실현한 사람은 이 세상에 한 사람도 없다. 자신의 재능을 가장 높은 경지까지 끌어올린 사람도 없다. 우리 모두는 평범한 인간이다. 아무리 노련한 사람이라도 삶을 살고 무언가를 만들어내는 데 있어서는 여전히 아마추어다. 우리는 우리가 가진 가능성에 비하면 난장이의 삶을 살고 있다.

친구여, 그대 안에는 힘과 가능성이 갇혀 있다. 그것을 활용할 수 있다면 그 힘은 당신의 삶을 새롭게 바꾸어놓을 것이고 감히 꿈꾸어보지 못한 나를 현실로 불러내줄 것이다. 당신 안에 닫혀 있는 문을 열어 그 큰 힘을 풀어주는 것이 어떻겠는가? 그 거대한 '나'를 밖으로 나오게 하는 것이 어떤가?

지금까지 당신이 했던 별 볼일 없고 하찮아 보였던 일들, 불만족스럽고 실망스러웠던 일들은 내면의 참된 당신이 한 일들이 아니었다. 당신의 주인 행세를 하고 있는 '왜소한 나'가 한 일들이다. 보잘것없는 성취로 굴욕을 안겨주는 왜소한 나가 아니라 이상적인 나, 가능성의 나, 신의 자녀인 나가 바로 참된 나이며 내가 불러내야 할 대상이다. 그러한 나야말로 내가 바라는 나이고, 내가 도달할 수 있는 더 나은 나이며, 신이 나를 '최상의 인간'으로 창조했을 때 의도한 나다.

우리는 우리가 지닌 생각과 신념들에 의해 재생산되는 존재들이다. '내가 생각하는 나'로 하루하루 되어가는 것이다. 마음에 품고 있는 나 자신의 모습으로 성장해간다. 나 스스로에게 가지고 있는 기대는 나의 기질과 성격과 성취를 통해 발현된다. 그러므로 나 자신에 대해 그려보는 이미지가 자아 발견을 앞당기기도 하고 지체시키기도 하는 중요한 원인이 된다.

안타깝게도 많은 사람이 훼손된 자아상을 물려받는다. 자신의 가치를 평가 절하하고 자신을 열등하게 인식한다. 자신을 중요한 사람으로 여기고 자기 가치를 북돋는 것은 양육 과정의 경험과 큰 연관이 있다. 어릴 때 학업이 부진했거나 멍청하다느니, 아무것도 못 될 거라느니, 꼴통이라느니 하는 말을 늘 듣게 되면 이 이미지가 의식에 스며들어 존재의 한 부분이 되어버린다. 그렇게 되면 나중에 꿈을 키우게 되더라도 자신과 자신의 잠재력에 대한 이 왜곡되고 편협하며 열등한 인식에서 벗어나기가 무척 힘들다. 사람이 자신을 공정하게 바라보는 것은 자신의 참되고 신성한 본성을 인식할 때에만 가능하다. 그때에야 비로소 신께서 창조한 인간에게는 열등함이 있을 수 없다는 사실을 깨달을 수 있다. 자기의 실재, 그 존재의 진실에는 열등함 따위가 붙어 있지 않다. 왜냐하면 우리 모두는 신의 작품이기 때문이다.

러셀 콘웰(Russell Conwell·미국의 법률가이자 성직자, 교육자) 박사는 말했다.

"우리가 그러하듯이 신도 실패를 좋아하지 않는다."

신은 우리 가운데 어느 누구도 실패작으로 만들지 않았다. 우리는 크고 강하며 성공하고 충분히 성숙한 사람이 되도록 만들어졌지, 변변찮게 살거나 실패자로 살도록 만들어지지 않았다.

자수성가한 사람들이 하는 이야기가 있다. 그들이 말단 직원이나 사환으로 일하던 시절에 언젠가는 그 직장의 중요한 파트너가 되겠다고 다짐했거나 업계의 창업자가 되기로 결심했다는 얘기들이다. 야망을 품고 크게 성공한 자신의 모습을 계속해서 머릿속에 그린 것이 그들이 바라는 결과를 이끌어낸 실제적인 창조력이

'나' 라는 존재는

무한한 재료와 도구와 에너지가 가득 차 있는 거대한 창고다.

그런데 우리는 고작 몇 개의 손쉬운 것들만 꺼내서 쓰면서

익숙하고 편한 것들에 갇혀 지낸다.

더 크고 웅장한 삶을 조립할 수 있는데도 말이다.

었음을 그 당시에는 다들 깨닫지 못했다.

퍼싱(John J. Pershing·미국의 군인, 제1차 세계 대전 때 유럽에 파견된 미군을 지휘했다) 장군은 어릴 때부터 군인이 되는 꿈을 키웠다. 조지 워싱턴이 그의 영웅이었으며, 워싱턴과 같은 사람이 되는 것이 그의 가장 큰 바람이었다. 가정사의 어려움과 고등학교 졸업 후 교사로 일해야 했던 상황들이 그의 꿈을 퇴색시키지는 못했다. 유년 시절부터 계속 마음의 모델을 키운 그였다. 그렇게 해서 그는 미주리에서 교사로 일하며 돈을 벌던 가난한 청년에서 미군 유럽 원정군의 탁월한 리더로, 제1차 세계 대전이 낳은 가장 걸출한 장군으로 성장했다.

필립스 브룩스 목사는 이렇게 말했다.

"신은 모든 인간의 영혼에 어떤 이상을 숨겨놓았다. 삶의 어느 시점에 이르면 사람은 훌륭하고 선한 일을 행하고자 하는 경건한 갈망을 느끼게 된다. 삶의 가장 큰 고결함은 최선을 다하고자 하는 감추어진 본능에 숨어 있다."

삶의 가장 큰 비극은 우리가 이 세상에 온 목적에 부응하지 못하고 우리에게 주어진 재능과 능력을 합당하게 사용하지 못하는 것이다. 어떤 처지에 놓여 있든 그 상황 속에서 최선을 다한다면 우리가 내딛는 발걸음마다, 우리가 노력을 기울이는 순간마다 새로운 힘이 발휘될 것이다. 사실 이러한 일은 역사서나 전기를 읽어보면 곳곳에서 맞닥뜨리게 된다. 인류 문명의 발전 과정에서 등대와 같은 역할을 한 사람들은 자신의 영혼에 새겨진 이상을 실현하려고 계속 분투한 이들이다.

당신도 큰 성공을 이룰 수 있다. 올바르게 시작하기만 하면, 당신이 하고자 한다면 원대한 일을 성취할 수 있다. 길은 열려 있다. 당신이 열망하는 것을 실현하고 당신이 바라는 당신이 될 수 있는 신성한 힘이 당신 안에 있다. 인간이라는 숲에서 볼품없는 작은 나무가 아니라 늠름한 거목이 되고자 하는 의지와 결심만 있으면 된다.

"넌 할 수 없어."라고 말하는 타인들 때문에 자신에 대한 이상을 망치거나 쭈그러뜨리지 말라. 내가 가진 능력에 대해서 보다 높은 이상을 지니라. 나의 내면에 있는 거장을 이상으로 삼지 않는 한 거장의 능력을 발휘할 수 없다. 유능한 사람이 되려면 먼저 내가 그런 사람이 될 수 있다고 인정해야 한다. 이러한 생각은 당신의 성격과 삶에 놀라운 영향을 줄 것이다.

'나는 건강이며 활력이다. 나는 활기찬 에너지다. 나는 진실이며 현실이다. 나는 완전함이다. 나의 모든 요소는 유능하다. 나는 힘을 발산한다.' 나에 대한 이런 생각과 이상을 마음에 품으라. 결국 그렇게 될 것이다.

엘라 휠러 윌콕스(Ella Wheeler Wilcox·미국의 시인이자 작가)는 〈주장〉이라는 짧고도 아름다운 시에서 이렇게 노래했다.

나는 평온이라네. 거대한 물결처럼 열정이
나의 무력한 가슴에 휘몰아치지만
나는 알지, 그 너머에는
인내가 선사하는
완전하고도 달콤한 평온이 있음을.
가슴속 거친 폭풍이 솟구치면
나는 소리치네.
'잠잠하라! 잠잠하라! 이곳의 임자는 나이니.'

나는 건강이라네. 뜨거운 열이 내 머리를 쑥대밭으로 만들고
난데없는 무질서들이 나의 힘을 난도질해대도
끝내는 고통 뒤의 온전한 회복이
모든 것을 보상해줄 것임을 나는 알지.
그러니 지독한 낮과 불면의 밤을 지나는 나는 외치네.
'건강, 건강! 이는 마땅히 나의 것!'

나는 성공이라네. 춥고 헐벗고 굶주리며 배회하는
날들이 있다 해도, 나는 웃으며 말하지.
'이는 잠시뿐이네. 내일이면 난 기쁘리.
행운이 나를 찾아오고 있으니.
신께서 내 아버지시고, 그분은 우리가 가늠할 수 없는 부자
이시거늘,
그분의 재산이 내 것이라네. 건강도 행복도 금(金)도.'

• 네 번째 수업 •

인격과 매력

나에게서 나가는 것이
결국에는 되돌아온다

주위 사람들을 유심히 관찰해 보면 마치 자석처럼 저마다 자기와 비슷한 것들을 끌어당기는 현상을 보게 된다. 어떤 사람은 유쾌하고 기분 좋은 것들을 끌어당기는가 하면, 어떤 사람은 달갑지 않은 것들만 자동적으로 끌어당기는 것처럼 보인다. 생기 넘치는 자석처럼 기쁨과 즐거움과 아름다움에 둘러싸인 사람이 있는가 하면, 어둡고 시무룩하며 비관적인 자석처럼 우울하고 침울하며 꺼림칙한 분위기를 몰고 다니는 사람이 있다. 또 어떤 사람은 행운을 끌어당기는 힘이 있어서 좋은 일들이 넝쿨째 굴러 들어오는가 하면, 어떤 사람은 자신뿐 아니라 이웃들마저 불운에 빠져

들게 하기도 한다. 불운을 몰고 다니는 사람에게는 되는 일이 없는 것 같고, 너무 앞서거나 뒷북을 쳐서 번번이 기회를 놓친다. 그가 도착했거나 마음먹었을 때 기회는 이미 지나갔거나 아직 오지 않았다. 그런데 사실 그 이유는 그 사람에게 있다. 유유상종이기 때문이다. 세상만물은 자기와 비슷한 것을 끌어당기게 되어 있다.

내가 아는 한 목사는 개들이 자기를 좋아하는 이유가 자기에게 개의 성향이 다분하기 때문이라고 했다. 그는 사람을 끌어당기는 힘이 강한 매력적인 사람이었다. 때문에 사람의 가장 좋은 친구인 개들도 그를 좋아했다. 꽃이 태양을 향하듯 밝고 명랑하고 쾌활한 사람들은 자연스럽게 그에게 끌렸다. 행여 주변 사람들의 분위기가 어둡고 험악해도 그는 그 불길한 분위기를 밝게 만들어 놓고야 마는 햇살 같은 후광이 있었다. 이 세상에 어떤 힘의 작용을 받지 않고 움직이는 것은 아무것도 없다. 움직이는 모든 것은 그것과 유사한 코드에만 반응한다.

우리가 다른 사람에게 불러일으키는 감정과 정서, 열정은 우리 자신의 기질과 성격, 인품을 알려주는 좋은 지표들이다. 상대방의 마음속에 일어나는 감정들은 우리가 그 사람에 대해 가지고 있는 마음 자세와 그를 대하는 태도에 부응하는 결과물이다. 만약 상대가 의심, 불신, 질투, 시샘의 감정을 보인다면, 그 이유는 이미

내 안에 그런 감정들이 있기 때문이다. 뛰어난 인격의 소유자가 되고 싶다면, 이를테면 좋은 사람들과 좋은 것들을 끌어당길 수 있는 인품을 갖고 싶다면, 상대방을 불쾌하게 만들고 혐오감을 갖도록 하는 내 안의 요소를 제거하고 상대의 기운을 북돋고 도움이 되는 자질들을 길러야 한다.

한 젊은이가 풀이 죽어 내게 물었다. 자신에게 좋은 인상을 남길 만한 매력이 없어서인지 마음을 나눌 상대가 없다고 푸념하며, 어떻게 하면 그런 매력을 키울 수 있는지 알려달라고 했다. 나는 그에게 사람을 끌어당기는 이들을 잘 살펴보고 그 사람들에게서 본받을 만한 점이 무엇인지 생각해보라고 했다. 매력적인 사람이 되고 싶어 하는 이 젊은이는 야망이 무척 큰 친구였지만, 그의 야망은 이기적인 면이 강했다. 그는 배우는 일에 열심이고 두각을 나타내고 싶어 하며 사람들에게서 최대한 많은 것을 얻어내고 싶어 하면서도 아무것도 내어주지 않았다. 마치 스펀지처럼 모든 것을 빨아들이기만 했다. 하지만 매력적인 사람은 이와 정반대다. 그들은 많은 것을 내어준다.

이기적인 마음, 옹졸하고 인색한 성품, 특히 남이 잘되는 것을 시기하고 질투하는 사람들은 아무리 꾸민다 해도 타인에게 매력을 발산할 수 없다. 사람을 끌어당기는 자질은 그 자체로 사랑스럽다. 앞서 말한 젊은이가 이런 자질들을 키우지 않는 한 매력적인 사람이 되지는 못할 것이다.

'인품이 듣기 좋은 음악이라면, 사랑은 태고의 음이다.'

진정한 친구와 사랑을 얻고자 한다면 사랑을 끌어당기는 사람이 되어야 한다. 더불어 사는 사람들을 친절하게 대하고, 언제든 도움을 줄 수 있다는 열린 자세를 가지며, 다정함과 사랑의 기류를 내보내야 한다. 인색하고 옹졸하고 심술궂고 이기적이면서 사랑을 얻고자 하는 것은 이 세상에서 가장 헛된 수고다. 줌으로써 받을 수 있다. 사랑을 전하고 친절하며 아낌없이 섬길 때만이 그것을 더욱 풍요롭게 돌려받을 수 있다.

무언가를 끌어당기고 싶다면, 우리 안에 그것과 닮은 면이 있어야 한다. 그렇지 않으면 그것은 오지 않는다. 부정적인 사람은 긍정적인 것을 끌어들일 수 없다. 그에게 다가오는 것은 하나같이 부정적이고 밑지는 것들뿐일 것이다. 삶에 보탬이 되는 긍정적이고 창조적인 것들이 찾아올 리 없다. 내면에 그것들을 끌어당길 만한 요소가 없기 때문이다.

링컨은 놀라운 매력을 지닌 사람이었다. 가슴의 자질이 뇌의 자질 못지않게 뛰어났다. 그가 사람들을 끌어당기는 힘은 대범함과 사랑, 연민이었다. 그의 뛰어난 성품에는 악함이나 쩨쩨함이

들어설 구석이 없었다.

사람들에게 매력적인 인물이 되고 싶어 하지만 그렇게 되지 못하는 사람이 많다. 그런 사람들은 타인으로부터 이목을 끌고 싶다는 욕심만 있을 뿐 진정 매력적인 사람들이 지닌 자질과는 반대되는 자질을 키운다. 동정심이 없고 차갑고 이기적이며 타인에 대한 배려가 부족한 사람들은 자신이 발산하는 것들이 계속해서 자신에게로 역류해 온다는 사실과, 또한 자기에게서 나가는 것이 자신의 성격을 형성한다는 사실을 깨닫지 못한다. 차갑고 이기적인 성격의 기류는 늘 안으로 향한다. 매력과 호의적인 기운이 나에게 흘러오게 하려면 먼저 나에게서 호의와 활기, 너그러움과 포용, 연민과 친절의 기류가 흘러나가야 한다.

매력적이고 품이 큰 인격을 갖기 위해서는 그에 맞는 값을 치러야 한다. 이는 당연한 이치다. 이 세상 모든 가치 있는 것들은 대가가 따르기 마련이다. 그리고 가치 있는 것일수록 값이 크다. 변호사나 의사나 사업가가 되기 위해서는 그만한 대가를 치러야 한다. 수년의 시간과 노력과 공부가 필요하다. 매력적인 인격으로 주변 사람을 끌어당기기 위해서도 마찬가지다.

혼자 동떨어져 지내면서 빼어난 인격을 발달시킬 수는 없다. 다른 사람과의 관계에 마음의 문을 걸어 잠근다면 사람을 끄는 매

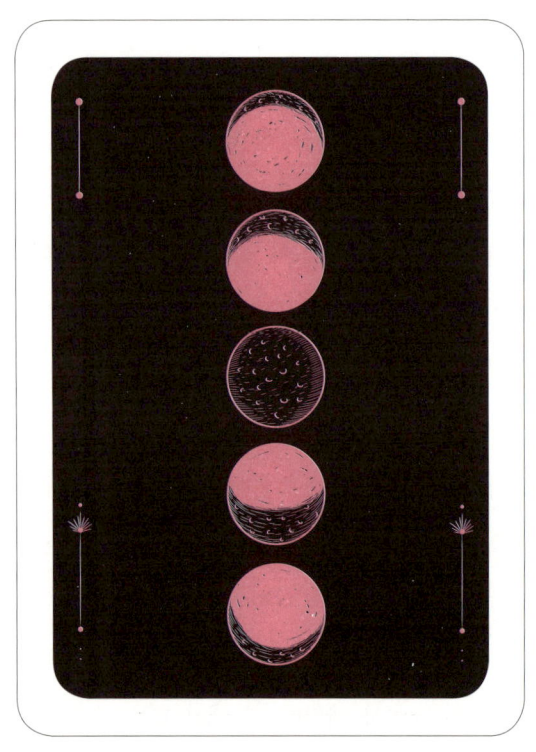

나의 마음가짐과 언행이 나의 인격을 만든다.
사회적으로 성공하기 위해 수많은 시간과 노력과 공부가 필요하듯,
훌륭한 인격을 갖추는 것도 일정한 수업을 필요로 한다.
다행스러운 일은 인격이 타고난 천성에만 달려 있는 것이 아니라
노력 여하에 따라 후천적으로 개발할 수도 있다는 점이다.

력을 키울 기회를 갖지 못한다. 사람을 끌어당기는 힘이 강한 사람은 다른 이와 어울리는 것을 좋아한다. 다른 사람과 함께 있을 때 편안해하며 타인의 삶에 참여하는 것을 좋아한다.

배운 사람도 실은 무지한 삶을 사는 경우가 많다. 아는 것은 많을지 몰라도 우리 자신을 내주는 데는 인색하며 속을 드러내지 않는 편협한 삶을 산다. 누구나 마음이 따뜻하고 다정하고 상냥하며 선하고 진실한 사람을 좋아한다. 자기 틀 안에 갇혀 있으면서 자기 외의 다른 것에는 별 관심이 없는 사람은 재산이 아무리 많고 능력이 뛰어나도 언제나 불리한 처지에 놓이게 된다. 자신을 좋아하지 않는 사람을 곁에 두고 좋은 이미지를 억지로 꾸며내기 위해 돈과 에너지를 낭비하기 때문이다.

두뇌가 명석하고 학식이 높은데 평생 외톨이로 지내는 사람이 있다. 그의 삶에서 가장 큰 관심사는 항상 자기 자신이다. 가능하면 혼자 밥을 먹고, 여행을 할 때도 혼자 앉는 좌석을 찾는다. 식당에 가면 혼자 앉을 수 있는 모퉁이 자리로 간다. 다른 사람과 어디를 가는 일이 드물고, 그러면서도 사람들이 왜 자기를 좋아하지 않는지 의아해한다. 다른 이들에게 그럴 기회를 주지 않으면서도 말이다. 그가 타인에게 관심이 없는데 타인이 그에게 관심을 가져야 할 이유가 있는가? 그는 어디를 가나 호주머니에 책을 넣고 다니면서 틈만 나면 혼자 책을 읽는다. 또 그는 타인을 위해 시간을 할애하는 것에 인색하다. 다른 사람과 얘기하는 데 시간을 쓰는 것을 못 견딘다. 다른 사람을 방문하는 것을 시간 낭비라 여기며, 독서와 공부에 써야 할 저녁 시간을 누군가가 방해하면 기분이 상한다. 그는 자신이 성취한 것과 자기 수양, 책에 대한 지식에 관해 자부심이 대단하지만, 이 모든 것에 있어서 자신이 이기적임을 깨닫지 못한다. 그는 자기가 얻은 것을 타인과 나눌 마음이 없다.

오랫동안 남과 어울리지 않으며 이기적으로 생활한 사람들이 결국에는 잊히고 마는 경우가 얼마나 많은가. 그들은 타인과 거리 두는 쪽을 선호했으며, 굳이 유쾌한 사람이 되려 하거나 다른 사람의 기분을 맞추거나 타인에게 관심을 갖고 그들의 삶에 개입하려 하지 않았다. 포부를 실현하는 가장 중요한 열쇠가 타인과 더불어 살며 사람을 사귀는 능력에 있다는 사실을 나이가 들어서야 깨닫게 되지만, 그 능력을 발휘할 힘이 이제는 없다. 습관이란 아주 무서워서 도저히 그 사슬을 끊을 수가 없기 때문이다.

공직자가 되기를 꿈꾸고 노력 끝에 공직에 나섰지만, 스스로 사회성이 부족하고 열정이 없다는 것을 깨닫고 실망하는 사람이 허다하다. 그들은 사람을 끌어당길 수 없다. 사람들은 그들에게 냉정하고 그들의 주장과 호소에 무관심하다.

어떤 사람이 사람들을 피하고 무리에 속하는 것에 익숙하지 않다면, 사람들도 본능적으로 그 사람을 피한다. 그런 사람은 타인이 다가오지 못하게 한다. 반면 다른 사람들과 잘 어울리는 사람은 타인을 끌어당긴다. 좋은 성격은 홀로 있어서는 절대 키울 수 없다. 무리와 섞여 지내는 경험에서 훌륭한 인격이 자라나는 것이다. 무언가에 반응하는 행동 하나하나가 모여 성격을 만든다.

• 다섯 번째 수업 •
인격과 사회적 성공

인격 자본

 큰 재산을 모은 한 자본가에게 회사의 직원을 뽑는 가장 중요한 기준이 무엇인지 물었을 때 그는 이렇게 대답했다.
 "사람의 마음을 끄는 인품을 지녔는지를 최우선으로 봅니다."
 그는 직원의 인품이 매우 중요하기 때문에 재능 있고 정직하고 성실한 사람이 인격적 자질까지 갖추었을 때 귀중한 자산을 얻은 것으로 여긴다고 덧붙였다.
 지금은 그 어느 시대보다도 훌륭한 인격이 요구되는 시대다. 좋은 인격은 사람의 능력을 더 두드러지게 하므로 가진 능력을 배가시키는 효과를 낸다. 바로 이런 것이 경영자들이 원하는 것이다. 사람의 비즈니스 능력은 실력만으로 가늠되는 것이 아니라 설득력, 호감도, 관심을 끄는 매력, 신뢰를 얻는 능력이 포함된다.

타인에게 호감을 주는 인품인가, 아니면 적대감과 불쾌감을 주는 인품인가에 따라 인생에서 성공하는 정도가 크게 달라진다. 비즈니스맨이 받는 임금도 인품에 기초를 두고 있고, 파트너십도 인품 위에 구축된다. 한 사람의 성공에서 호감을 갖게 하는 인품은 그 사람의 능력이나 지위보다 훨씬 큰 비중을 차지한다.

최근에 중요한 직위에 올랐던 한 젊은이의 얘기를 들었다. 그는 외모가 뛰어나고 업무 능력이 좋으며 학벌도 높아서 그 직책에 아주 적합한 인물로 보였다. 하지만 그는 그 자리를 계속 유지하지 못했다. 모든 것을 갖춘 그에게 부족한 것이 딱 하나 있었다. 바로 사람을 사귀는 능력이었다. 그는 사람들과 어울릴 줄 모를 뿐 아니라 어쩌다 맺은 유대관계를 유지하지도 못했다. 이 젊은이가 다닌 직장마다 사장과 동료들은 그의 탁월한 능력과 실력을 인정하면서도 자기중심적이고 남을 지배하려는 경향이 강한 그를 좋아하지 않았다. 또 그는 자기 아래에 있다고 여기는 사람들 앞에서 우월한 것처럼 행동했다. 뛰어난 업무 능력과 재능, 학벌을 가진 그는 실력을 인정받아 높은 자리에 오르기는 했지만, 결국 좋은 직위를 유지하는 데 항상 실패했다.

많은 사람이 인품과 성격이 직위와 임금을 높인다는 사실을 모른다.
혼자서 일할 때는 실력과 능력만으로도
어느 정도의 성과를 낼 수 있지만,
여럿이 일할 때는 반드시 인격이 동반되어야 한다.
사회적 성공과 명성의 많은 부분이 인격에 좌우된다.

"삶의 의미와 인간이 지닌 힘을 최대한 끌어내는 기술은 교과서에 있는 것이 아니고 존재의 아름다움과 장엄함에 대한 성찰에서 얻는 것도 아니다. 그것은 자기가 처한 환경과 완전한 평화를 이루는 것이다."

아널드 베넷(Arnold Bennett · 영국의 소설가)의 말이다.

많은 사람이 타인과 평화롭게 지내지 못하기에 성공하지 못한다. 그런 사람들은 모두를 적으로 만든다. 남에게 친절을 베풀지 않고 편견에 휩싸여 있으며, 특이하고 별난 구석을 잔뜩 지니고 산다. 그들은 남이 자기를 가로막는다고 생각해서 삶의 열의를 잃고는 하는데, 사실 문제는 자기 안에 있다. 그들은 선의와 친절 같은, 타인을 배려하는 능력이 삶에서 얼마나 중대한 역할을 하는지 깨닫지 못한다.

이 시대의 매우 뛰어난 변호사이자 외교관 가운데 한 사람인 조셉 초우트(Joseph H. Choate Jr. · 미국의 변호사이자 정치인)는 상냥하고 매력적인 성품으로 인해 그를 처음 본 수많은 사람으로부터 호감을 얻었다. 그가 영국 대사로 임명된 것도 분명 그런 성품 덕분이었다. 그에 못지않은 실력을 가진 변호사는 많았지만, 많은 사람의 호감을 사는 놀라운 매력과 인품이 그가 가진 능력을 배가시킨 것이다.

당신이 어떤 직업을 가지고 있든 타인의 호감을 사는 성격을 키우면 득이 된다. 호감을 산다는 것은 당신에게 일종의 힘과 영향력이 생기는 것이며, 보다 높은 경지로 향하고 있다는 의미이기도 하다. 호감은 곧 고객이고 영향력이며 힘이다. 호감은 부지불식간에 사람의 마음과 행동을 끌어낸다.

무척 호감이 가는 성격을 지닌 한 세일즈맨이 떠오른다. 천성이 매우 부드럽고 상냥하며 친근할 뿐 아니라 진실하고 너그러워서 영업을 하는 데 별 수고를 들일 필요가 없는 사람이었다. 나는 그에게서 그다지 필요하지도 않은 것들을 사고는 했는데, 그것은 순전히 사람의 마음을 녹이는 그의 성품에 마음이 약해져서였다. 강요당하는 느낌은 전혀 없었다. 물건을 파는 사람이 마음에 들어서 물건을 산 것이다. 많은 고객이 그와 거래하고 싶어 했다. 다른 세일즈맨들이 집요하게 노력하고 좋은 분위기를 만들고 좋은 인상을 주기 위해 애쓰고 그런 다음 팔고자 하는 물건이 왜 좋은지 유창하게 설명할 때, 그는 그저 밝은 기운을 발산할 뿐이었다. 그는 해와 바람이 나그네의 외투를 벗기기 위해 경쟁하는 우화를 떠올리게 한다. 바람은 나그네의 외투를 어떻게든 날려버리기 위해 무섭게 불어대지만, 나그네는 바람이 거세질수록 옷을 더욱 여민다. 그다음으로 해가 부드럽고 따뜻한 빛을 쪼였을 때 나그네는 더운 기운으로 인해 어쩔 수 없이 외투를 벗는다. 해의 행동에는 시끄러운 것도, 몰아치는 것도 없다. 단순히 나그네를 비추었을 뿐이지만, 바람이 온 힘을 다해 몰아쳐도 할 수 없었던 일을 해냈다.

훌륭한 인격을 가진 사람들이 얼마나 많은 자산을 쌓았는지, 과연 그 힘의 가치를 정확하게 잴 수 있을까? 비즈니스나 전문 분야에서 성공한 사람들의 소질을 분석해서 비율로 환산한다면, 상대방을 기분 좋게 만드는 온화함이 50퍼센트 정도 차지할 것이다. 우리는 품위 있는 인격에 크게 영향을 받는다는 사실을 미처 깨닫지 못하지만, 사실 인품은 의회에도 영향을 미치고 대통령도 설득시킨다. 물론 인품의 힘을 오용하는 경우도 있다. 하지만 세상사에서 인품이 상당한 힘을 발휘한다는 사실을 부인할 수는 없다.

유럽 어디서든 앙리 블로비체(Henri de Blowitz·프랑스의 신문기자)에게는 문을 열어주지 않는 곳이 없다는 말이 있었다. 개인 사무실이나 그 어떤 배타적인 장소라도 그가 드나들지 못한 곳이 없었다고 한다. 그의 매력적인 인품을 아무도 거부하지 못했다. 다른 사람들에게는 굳게 닫혔던 문들이 그에게는 활짝 열렸다. 그로 인해 그는 역사에 남을 언론인이 되었다. 매력적인 인품이 자기 분야에서의 성공을 이끌었고, 인구에 회자되는 명성을 만들어준 것이다.

연설가 중에 이처럼 인간적인 매력을 지닌 사람이 더러 있다. 청중의 관심을 끌고 설득시키는 이들의 능력은 결코 뛰어난 언변이나 지성의 힘에만 기댄 것이 아니다. 그들에게는 청중의 호기심을 자극하는 무언가가 있는데, 이는 그들이 내뱉는 말과는 무관하다. 다른 사람이 똑같은 말을 해도 이 신비한 무언가가 내는 효과의 100분의 1에도 미치지 못한다. 이것은 연설가의 타고난 인간성에서 흘러나오며, 마치 마법처럼 사람을 매료시킨다.

찰스 디킨스(Charles Dickens·영국의 소설가)는 참으로 호감을 주는 사람이어서 그가 방에 들어서면 마치 갑자기 큰 난롯불을 지핀 듯 그 안에 있던 사람들은 온기를 느꼈다고 한다. 괴테도 매력적인 성품의 소유자였다. 그가 식당에 들어서면 그곳에서 식사를 하던 사람들이 포크와 나이프를 내려놓고 그를 경이로운 눈길로 바라보고는 했다. 혹자는 미국 독립혁명군이 자유를 위해 싸웠다기보다는 조지 워싱턴을 위해 싸웠다고 말한다. 그의 매력적인 인품 때문에 병사들이 무기를 들었다는 것이다. 조지 워싱턴에게는 부하들을 끌어당기는 힘이 있었다.

찰스 매킴(Charles Follen Mckim·미국의 건축가)은 보스턴 공립 도서관과 뉴욕의 콜롬비아 대학교 도서관, 뉴욕의 매디슨스퀘어가든, 펜실베이니아 기차역과 같은 건축물로 오랫동안 기억되고 있는 저명한 건축가다. 그에 관해 앨버트 켈시(Albert Kelsey · 미국의 건축가)는 필라델피아 일간지 〈퍼블릭 레저(Public Ledger)〉에 다음과 같이 썼다.

조각가 세인트 고든스(Augustus Saint-Gaudens)는 제르맨타운에서 성장한 이 펜실베이니아 사람을 '매력적인 찰스'라고 부르고는 했다. 차분하고 교양이 넘치는, 거부하기 힘든 품행을 지니고 있었기 때문인데, 그는 인내력도 상당히 강해서 대부분의 난관을 극복할 수 있는 사람이었다.

우리는 비즈니스 세계에서 성품이 얼마나 중요한 역할을 하는지 자주 목격한다. 누구나 호감이 가거나 매력적인 성품을 지닌 사람들과 관계를 맺고 함께 일하고 싶어 한다. 물건을 살 때든 호텔이나 기차를 이용할 때든 그런 사람에게 서비스를 받는다면 아주 운이 좋은 것이다. 반면 적대적이고 비호감이며 차갑고 불친절한 사람은 피하게 된다. 그런 성품은 일에서도, 친구 관계에서도 사람을 끌어당길 수 없다.

호텔 경영자는 친절과 포용심, 고객의 요구에 민감하게 대처하고 한결같이 공손하게 행동할 때 일류 비즈니스를 폭넓게 구축할 수 있다. 이렇게 구축된 사업체를 다른 사람이 인수해서 새로운 관리자와 직원을 두는 일이 있을 수 있다. 새 직원들은 여러 가지 면에서 능률적일 테지만, 이전의 경영자가 지녔던 진정성이 부족할 수 있다. 그런 경우 얼마 지나지 않아 고객들은 다른 곳을 찾게 된다. 이렇게 되면 회사의 귀중한 자산인 명성이 사라진다. 다른 모든 영향력이 힘을 잃어도 인격의 힘은 종종 승리를 거둔다.

  유능한 판촉 사원을 채용하는 것으로 잘 알려진 한 보험회사 경영자는 직원을 채용할 때 품성에 큰 비중을 두었다. 그는 첫 면접에서 받는 인상으로 지원자의 품성을 가늠했다. 면접장에서 그는 가장 안쪽 끝에 자리 잡았다. 지원자가 방으로 들어서면 그는 지원자를 주시하며 그의 자질을 가늠할 만한 모든 요소를 살폈다. 어떻게 걷는지, 팔을 흔들 때는 어떠한지, 모자는 어떤 식으로 들고 있는지, 앉는 모습, 대화, 태도 그리고 특히 그 사람의 눈을 눈여겨보았다. 상대방을 똑바로 바라보는지, 아니면 눈치를 보는지 살폈다. 주저하지 않고 상대를 똑바로 바라보는 눈에서는 확고한 자신감과 맑은 마음이 드러나기 때문이다. 이런 식으로 모든 면에서 면밀하게 검토되는 가운데 지원자는 일종의 심문 과정을 거친다. 온갖 질문이 그에게 쏟아진다. 이는 지원자의 내면이 어떠한지를 알아보기 위해서다. 또 이를 통해 그가 지닌 가치와 정신력과 체력이 어느 정도인지 알 수 있다. 면접관은 지원자가 기개와 투지를 지닌 사람인지, 아니면 줏대 없고 쉽게 좌절할 만한 사람인지 알고 싶어 한다. 이 모든 일이 진행되는 동안 경영자는 모든 상황을 주시하고 있다.

이 보험회사의 경영자는 좋은 직원의 자질은 대체로 그가 풍기는 분위기, 눈에 보이지 않는 그 사람의 기운으로 알 수 있다고 말했다. 외모는 아주 적은 한 부분일 뿐이라고 했다.

학력이 높다는 건 남자에게든 여자에게든 큰 장점이 된다. 대부분의 사람이 학력과 지식을 높이 사며 그것으로 사람을 평가하려고 들기 때문이다. 하지만 삶에서의 성공, 세상에서 차지하는 지위, 사회와 직장에서의 출세, 공동체 안에서의 입지는 학력과 지식보다는 인성과 더 깊이 관련되어 있다. 호감을 주는 성품으로 인해 실제로 가진 능력보다 훨씬 더 앞서가는 사람을 어디에서나 볼 수 있다. 사람은 누구나 상냥한 사람을 좋아한다. 비정한 비즈니스 세계에서도 말이다.

도로시 딕스(Dorothy Dix · 미국의 저널리스트)는 이렇게 말했다.

"당신을 승진시키는 것은 당신의 미소입니다. 회사에서 신경질

적이지 않고 친절하고 상냥하며 잘 웃는 사람은 햇살과도 같습니다. 그런 성격은 주변 사람의 예민한 성격을 부드럽게 어루만지는 묘약과 같아서 분위기를 차분하고 좋게 만들어요. 매력적인 성격을 지녔다고 해서 고인이 된 노아 웹스터(Noah Webster·미국의 변호사이자 사전 편찬자.《웹스터 사전》으로 잘 알려져 있다. 여기서는 밝고 활달한 성격과 사전을 만드는 꼼꼼한 작업이 서로 어울릴 수 있다는 점을 말하고 있다 _역자주)가 한 것과 같은 일들에 친숙하지 말란 법은 없어요. 회계사도 잘 웃는 멋진 성품의 소유자일 수 있습니다. 타자기를 칠 때 타법의 감각을 익히는 것만큼 사람과의 관계에서 인간미를 지니는 것이 중요해요."

잡지 〈비즈니스 철학가(The Business Philosopher)〉의 한 기고가는 이렇게 썼다.

사업에 있어서 이상적인 성품이 어떤 것인지 이야기할 때, '성품(PERSONALITY)'이라는 낱말의 각 철자를 가지고 설명할 수 있다. 인내(Perseverance), 성실(Earnestness), 믿음직함(Reliability), 진실함(Sincerity), 낙관적임(Optimism), 꾸미지 않음(Naturalness), 능력(Ability), 충직함(Loyalty), 진취성(Initiative), 깔끔함(Tidiness), 열망(Yearning). 어쩌면 '열망'이 맨 먼저 나와

야 할지도 모른다. 열망은 점점 나아지고자 하는 강한 욕구이고, 자기 자신과 주변 사람들을 잘 대하고자 하는 바람이기도 하다. 직장에서 성공하는 사람들이 앞서 언급한 소질들을 얻으려고 애쓰는 것도 바로 열망이 있기 때문이다.

당신이 어떤 분야에서 일하든 타인에게 호감을 주는 인격적 자질을 키우는 것은 중요하고 또 중요하다. 이런 자질은 모든 사람이 가지고 태어난다. 다만 키워지기만을 기다릴 뿐이다. 제아무리 좋은 인격의 씨앗을 타고나도 그것을 키우지 않으면 인격자가 될 수 없다.

· 여섯 번째 수업 ·
그릇된 자기애를 극복하는 인격

당신에게 옳은 것이 모두에게 옳은 것은 아니다

비록 지금 당신이 사람들에게 인기가 없고 심지어 사람들이 당신을 싫어한다고 할지라도 당신은 분명 사람들의 호감을 살 수 있다. 당신은 다른 사람에게 관심을 가질 수 있고 쾌활하고 용감하게 도움을 베풀 수 있기 때문이다. 이런 일이 쌓이면 결과적으로 다른 사람이 당신에게 끌리지 않을 수 없을 정도가 될 것이다.

그렇다. 당신은 할 수 있다. 사람들이 당신을 좋아하게 만들고 당신에게 매력을 느낄 수 있게 하며, 당신의 강한 매력으로 사람들을 붙들 수 있다. 외모와 능력, 학력은 상관이 없다. 당신을 끌리는 인물로 만드는 것은 가슴에서 나오며, 이것들을 키우는 일은 당신에게 달려 있다.

타고난 재능으로 큰 성공을 거둘 수 있는 사람들이 그다지 큰 성공을 거두지 못하는 경우가 무척 많다. 그 이유는 유감스럽게도 그들의 성격 때문인데, 처음 만나는 사람들도 편견을 갖게 만드는 언행은 성격에서 비롯된다.

나를 불쾌하게 만드는 사람을 만났을 때 우리가 할 수 있는 일은 그 자리를 피하거나 싸우는 것 중 하나일 것이다. 내가 아는 한 여성은 머리가 뛰어나고 마음씨가 무척 너그러운데도 사람을 불편하게 만드는 말이나 행동을 해서 자신도 모르는 사이에 사람들의 반감을 사고는 한다. 그녀는 자신의 솔직한 성격에 대해 긍지를 갖고 있어서 무척 대담하게 남을 비판하기도 한다. 무척 친절하고 정의로워서 도움과 격려가 필요한 사람이 있으면 무엇이든 다 해주려고 하면서도 그녀는 계속해서 사람들을 쫓아버리는 말을 하고 처음 보는 사람들에게조차 좋지 않은 인상을 준다.

이 여성은 내가 아는 사람들 중에 타인을 가장 잘 도와주지만, 하는 말과 행동은 사람들이 나가떨어지게 만든다. 그래서 사람들은 그녀 앞에서 괜한 양심의 갈등을 느끼게 된다. 그녀는 자기가 왜 사람들의 마음을 얻지 못하는지 이해하지 못한다. 계속해서 도움을 베풀며 사람들의 호감을 사기를 바라지만, 사람들은 그녀를 좋아하지 않는다. 타인을 포용하는 삶을 살고 싶어 하지만, 그녀의 삶은 배타적이다.

당신이 다른 사람의 호감을 사지 못하거나 사람들이 당신을 피하는데도 그 이유를 모른다면 자신을 들여다보아야 한다. 자신을 잘 살펴보면 사람들이 다가오지 못하게 만드는 면들이 자기에게 있음을 발견하게 될 것이다. 상대로 하여금 적대감을 갖게 하고 의도와 달리 불쾌하게 만들었던 많은 부분을 자기 안에서 찾을 수 있을 것이다. 이러한 자기 검토는 뜻밖의 것들을 알게 하는 계기가 될 수 있다.

얼마 전에 한 젊은 여성과 이야기를 나누었다. 그녀는 지금까지 살아오면서 단 한 번도 사람의 관심을 끈 적이 없었다고 푸념했다. 어느 자리에 가든 꿔다 놓은 보릿자루가 되었고 어느 누구도 말을 걸지 않았다. 그녀는 자기의 어머니 역시 사람들에게 인기가 없고 감정 변화가 심하며 우울한 성향이 있다고 고백했다. 그녀는 사람들의 관심을 끌지 못하는 것이 자기 팔자라고 믿고 있었다. 하지만 이는 터무니없는 생각이다.

사람들이 나를 좋아하게 만들려면 내가 먼저 사람들을 좋아하면 된다. 타인이 나에게 관심을 갖길 원한다면 내가 먼저 타인에게 관심을 가지면 된다. 덧붙여서, 사람들이 당신을 좋아하기를 바란다면 감정 변화가 심하거나 침울하거나 짜증과 화를 잘 내거나 지나치게 예민해서는 안 된다. 민감하고 자의식이 강한 사람들은 자주 상처를 받는다. 그런 사람들은 타인이 늘 자기에게 해를 가하려 한다고 확신한다.

당신의 상처들, 취약하고 민감함 부분들, 골칫거리들, 고통들은 당신의 것으로 두라. 아픔과 고통을 굳이 드러내려 하거나 당신이 어떤 문제들을 겪고 있는지 자꾸만 설명하려 하지 말라. 자기 자신에 대한 생각을 한 순간도 놓지 않는 한 매력적인 사람이 될 수 없다.

항상 사람들의 관심을 끌고 주목을 받는 주변 사람들을 유심히 살펴보라. 십중팔구 상냥하고 붙임성이 좋은 사람일 것이다. 똑똑하고 교육을 많이 받았거나 아주 교양 있는 사람은 아닐 수 있지만, 다정하고 사랑스러워서 사람들이 편안해하고 반기는 사람일 것이다. 다른 사람의 기쁨과 슬픔에 관심을 갖고 얘기를 잘 들어주는 사람일 것이다. 절대로 계속 자기 얘기만 늘어놓는 사람은 아닐 것이다.

이기적인 성격만큼 사람들을 멀어지게 만드는 것은 없다. 이기적이라는 것은 자기 잇속만 챙기기에 바쁘고 다른 사람의 안위에는 관심이 없는 것만을 뜻하지 않는다. 늘 자신에게만 몰두해서 어느 자리에서나 자기 이야기를 꺼낼 틈만 엿보고 다른 사람의 이야기는 경청하지 않는 것도 이기심에 포함된다. 그런 사람은 상대를 불편하게 하고 결국에는 사람들이 기피하도록 만든다. 그들은 조금만 인내하면 얻을 수 있는 수많은 기회를 놓치며 살아간다. 만약에 당신이 사람들의 호감을 얻지 못하고 있다면, 다른 무엇보다도 이기적인 성격 때문일 확률이 크다.

잘 경청하는 사람이 되라. 대화를 늘 당신 자신과 당신의 관심사 쪽으로 이끌려고 하지 말고 타인에게 관심을 갖기 위해 노력하고 그들이 관심 있어 하는 것에 대해 얘기하려고 노력하라. 그것은 절대 일방적인 희생이 아니다. 이 책에서 여러 번 언급했듯, 줌으로써 얻는 것이다. 당신 자신과 당신의 관심사를 장황하게 쏟아낸 대화로 당신은 만족스러울 수 있지만, 상대방은 당신과 이야기 나누는 것을 점점 피하게 될 것이다. 반면에 당신이 타인에게 관심을 가지면 그도 당신에게 똑같이 관심을 가질 것이다. 많은 사람들의 관심을 받는 사람의 비결은 그가 많은 것에 두루 관심이 있다는 데 있다.

반듯한 이목구비와 체형을 타고나지 못했기 때문에 스스로 매력이 없다고 여기는 사람들이 있다. 하지만 이런 생각이 틀렸다는 사실은 자주 입증된다. 내면에서 흘러나오는 것이 인격을 풍요롭

내가 옳다고 여기는 것을 무조건 밀어붙이지 말라.
당신의 정의(正義)가 누군가에는 불의일 수 있다.
그리고 내가 겪고 있는 문제를 호소하며
타인에게 불편을 끼치는 언행에 정당성을 부여하지 말라.
결국에는 약점만 드러낼 뿐이다.

게 하고 사람들이 다가오게 만든다. 윌리엄 딘 하우얼스는 자신의 책《문학계의 친구들과 지인들(Literary Friends and Acquaintances)》에서 프랜시스 파크먼(Francis Parkman·미국의 역사학자)을 두고 이렇게 얘기했다.

'그에게 가까이 가는 사람들은 누구나 어느 정도는 그를 사랑하게 된다. 내가 보기에 그는 어느 누구보다 뛰어난 인품의 소유자다. 다부지면서도 온화한 그의 표정에서 인품이 그대로 드러난다. 마주한 사람을 똑바로 쳐다보지 못하는 그의 사시(斜視)마저도 애정을 느끼게 한다. 그와 대화를 나누면 내 안의 깊은 인정(人情)이 솟아나고는 해서 나는 그를 만나면 늘 그와 더 있고 싶은 마음이 든다.'

진정으로 너그럽고 넓은 마음을 지닌 사람, 친절하고 다정하며 협조적인 사람, 진실하고 남을 잘 돕는 사람은 신체적인 결함이 많더라도 늘 관심을 끈다. 우리는 짜증나고 불쾌한 기분이 들게 하는 사람을 좋아하지 않는다. 그에 못지않게 늘 우리를 바로잡으려 하거나 지적하고 우리의 결점을 고치려고 하는 사람들에게도 끌리지 않는다. 툭 하면 싸우려 들거나 공격적인 태도를 보이고 남을 지배하려 드는 사람들, 편협하고 옹졸하며 야박한 사람들은 결코 타인의 호감을 사는 유쾌한 성격을 지닐 수 없다. 누구나 그런 사람을 피하려 한다.

이런 말을 자주 듣는다. "나는 사람들에게 인기가 없지만, 그건 나도 어쩔 수 없어요. 이렇게 타고난 걸요. 나는 사람들과 쉽게 어울릴 수 없어요. 나에게는 그런 재주가 없어요." 하지만 생각해보라. 이것은 학교에서 공부하는 학생이 "수학 문제가 너무 어려워서 못 풀겠어. 수학은 포기할래. 내 머리로는 도저히 불가능해."라고 말하는 것과도 같다. 자신의 인격을 최대한 개발하는 것은 모든 사람에게 주어진 의무다. 가능한 한 타인에게 호감을 주며 흥미롭고 능률적인 사람이 되려고 노력하라. 노력하고자 한다면 당신은 많은 사람들의 호감을 살 수 있다.

다만 많은 사람들이 이런 노력을 하기는 하지만, 타인과 친해지려는 시도가 진심에서 우러나오지 않고 기계적이며 따뜻함이 결여된 경우가 많다. 이들은 서투른 방법으로 타인의 호감을 사려고 한다. 또 때로는 다른 사람에게 친절하려는 의지를 갖고 있으나 그것을 제대로 표현하는 방법을 모른다. 그런 사람은 타인의 말을 경청할 줄 모르고 대화를 잘하지도 못한다. 어떻게든 자신의 친절함을 드러낼 기회만 엿본다. 그러나 가식적인 친절은 상대에게 그대로 간파되기 마련이다. 인간은 자기에게 해가 되거나 이로운 것을 본능적으로 간파한다. 때문에 사람들은 가식적인 친절에 부담을 느낀다.

　기계적인 공식에 따라서는 사람의 마음을 끌어당길 수 없다. 호감을 사고 관심을 받고 싶다면 사람과 잘 어울리는 방법을 배워야 한다. 인간적인 면모를 가꾸어야 하며 진심에서 우러나오는 친절과 다정함을 베풀어야 한다. 이와 더불어 인간적인 것에 대한 관심과 진정한 사랑이 있어야 하며, 이것을 자기만의 방식으로 표현해야 한다.

　다정하면 다정했지 절반 정도만 다정한 사람은 없다. 우리는 너무나 속을 드러내지 않고 산다. 자신을 드러내기를 두려워하고 마음의 문을 활짝 열어 타인을 받아들이기를 겁낸다. 정신적으로 타인과 거리를 두며 형식적으로 행동한다.

　낯선 사람과 악수를 나눌 때 거기에 마음을 담으라. 손의 주인을 만나서 반가운 듯 그 손을 잡으라. 상대의 눈을 바라보고 마음에서 우러나오는 미소를 지으라. 당신의 얼굴에서 다정함과 상냥함이 빛나게 하라. 명랑한 기분을 발산하라. 상대방을 너그럽게 반기라. 당신이 진심으로 반가워함을 상대가 느끼게 하라. 상대에게서 무언가 관심이 가는 부분을 발견하게 될 것이다. 사람은 저마다 흥미로운 구석이 있는 법이다. 사실 그 낯선 사람은 당신의 형제다. 전에 한 번도 만난 적 없지만, 그는 당신과 한 가족이다.

당신과 그는 인류라는 한 가족을 이루는 형제다.

아이에게 매력적인 태도와 성품을 키워주는 것은 얼마나 훌륭한 일인가! 많은 사람들이 좌절 속에 살아간다. 어린 시절에 그들에게 잠재되어 있던 다정하고 상냥한 성품과 타인에게 기쁨을 주는 힘과 이타적이고 배려하는 마음을 키울 수 있었다면 그들의 삶은 완전히 달라졌을 것이다.

원만하고 사랑스러운 성격이 지닌 훌륭한 가치와, 또 이런 성격을 키우는 것이 얼마나 쉬운지를 생각해보면 이 귀중한 보물을 우리 자녀에게 안겨주기 위해서 못할 일이 없을 것이다. 하지만 많은 부모가 자녀들에게 이런 성품을 길러주는 데 별 관심이 없다. 당장 다른 아이들을 앞서는 기술만을 가르치려 든다. 이런 식으로 수많은 아이들이 삶을 살아가는 기본기를 익히는 과정을 건너뛰고 다음 단계로 곧장 향한다. 자기 자신만을 생각하는 아이는 모든 관심이 자신에게로 집중된다. 그 결과 조용하고 소심하고 시무룩하고 냉소적인 아이가 된다. 그렇게 자란 아이는 결국 그런 어른이 된다. 부모는 아이가 원래 그런 성격을 갖고 태어났다고 생각한다. 아이의 성격이 천성적으로 그렇기 때문에 바꿀 수 없다고 여긴다. 자녀를 그렇게 만들어놓고 천성을 탓한다.

이것은 크게 잘못된 생각이다. 아이의 본성은 제대로 교육을 받으면 몰라보게 바뀔 수 있다. 아이는 가장 뛰어난 모방자이기 때문이다. 헨리 드러먼드(Henry Drummond·영국의 은행가이자 작가)는 말했다.

"인내, 친절, 관대함, 겸손, 공손함, 이타심, 온화함, 정직, 성실. 이것들이 완벽한 사람의 재능과 위상을 이룬다."

나이가 많고 적음을 떠나 우리 모두가 이런 자질을 키우는 것이 불가능한 일일까?

· 일곱 번째 수업 ·
평판은 어떻게 만들어지는가?

스스로 생각하는 당신과
사람들이 알고 있는 당신의 차이

사람은 누구나 자기만의 색깔을 가지고 있다. 그것은 당신을 당신이게 하는, 당신을 타인과 구별 짓는 그 무엇이다.

당신에게만 있는 그것은 무엇인가? 누군가가 당신에게 관심을 갖게 될 때 맨 먼저 생각하는 것은 무엇일까? 당신을 아는 사람들이 당신을 만났을 때 가장 먼저 무엇을 떠올릴까? 당신은 사람들에게 어떤 인상을 주는가?

윌리엄 딘 하우얼스는 나다니엘 호손(Nathaniel Hawthorne·미국의 소설가)을 두고 이런 말을 한 적이 있다.

"내가 만일 그가 누구인지 모르는 상태에서 아무데서나 그를 만났더라도 그를 보는 즉시 저명인사라고 느꼈을 것이다."

눈에 보이는 겉모습보다 훨씬 큰 존재감이 느껴지는 사람들이 있다. 그러한 느낌은 그들이 하는 말이나 행동보다도 더 크게 다가온다. 사실 위대한 인물들 중에는 말수가 적은 사람이 많다. 그들의 인품과 성격이 그들의 크고 숭고한 존재를 드러낸다.

그랜트(Ulysses Simpson Grant·남북전쟁 때의 북군 총사령관, 미국의 18대 대통령)는 역사에 남을 인물이 할 법한 말을 한 적이 없다. 하지만 사람들은 늘 담배를 피우던 과묵한 그의 뒷모습에서 거인을 느꼈다. 그가 한 일만이 아니라, 그가 해낼 수 있다는 사람들의 믿음이 우리의 마음속에 그가 남아 있는 이유이며 그에 대한 기억이 영원할 수 있는 이유다. 그에게는 그가 한 말이나 행동보다도 무한히 큰 무언가가 있었다. 그랜트라는 사람의 실재가 아니라 그에게서 느껴지는 가능성이 바로 우리가 그를 우러러보는 이유다.

링컨에게도 그가 한 모든 행동과 그가 남긴 모든 말을 다 합친 것보다 훨씬 위대한 무언가가 있었다. 그가 게티즈버그에서 남긴 불후의 연설마저도 우리의 기억 속에서 영원히 녹슬지 않을 그의 존재감에 비하면 대수로운 것이 아니다.

나에 대한 사람들의 인식과 평가, 즉 평판은 인생의 성공을 상당 부분 좌우한다. 사람들은 나를 한 번도 본 적이 없지만, 나에 대해 들어보았을 수 있고 다른 사람의 평가만을 가지고 내가 어떤 사람일지 추측할 수도 있다. 그러므로 나쁜 인상을 주거나 나의 이미지를 형편없게 만드는 것은 반드시 피해야 할 일이다.

삶이 우리에게 어떤 의미를 갖는지는 우리 스스로 보여준다. 사람들은 우리의 과거가 어떠하며 그동안 어떻게 살아왔는지를 책을 들여다보듯이 볼 수 있다. 사실을 알려고 하는 시선들, 늘 우리를 저울질하면서 재는 사람들의 호기심 어린 생각들로부터 우리 자신을 숨기기는 힘들다.

에머슨(Ralph Waldo Emerson·미국의 시인이자 사상가)은 일기에 이렇게 썼다.

사람이 호의를 입고 사느냐, 아니면 수치를 입고 사느냐는 중요한 문제다. 우리는 사회에서 받은 대접을 남 탓으로 돌리고는, 우리가 어떤 대접을 받을지를 실은 우리 자신이 결정한다는 점을 잊고 산다. 어떤 집에 들어서기 전에 자기의 마음을 들여다보면 자신이 환영받을 것인지 아닌지를 안다. 마음에게 물을 때 진실하고 충실한 답을 얻는다.

당신이라는 사람은 당신이 하는 말보다는 당신이 어떤 생각을

꾸며낸 겉모습으로 좋은 인상을 남길 수는 있다.
하지만 가식과 거짓은 오래지 않아 까발려지기 마련이다.
우리 안에 숨겨진, 굳이 드러내려 하지 않아도
저절로 뿜어져 나오는 곧은 성품으로 우리는 기억된다.

하고 무엇을 믿으며 무엇을 지향하는지를 통해서 드러난다. 사람들은 당신의 인상을 당신이 하는 말에서 얻는 것이 아니고 당신이 이래저래 생각하고 느끼는 척하는 것에서 얻는 것도 아니다. 당신이 진정으로 믿고 생각하는 것, 당신이라는 존재 그 자체에서 얻는다. 다만 많은 사람들이 자기가 누구인지, 세상에 대해 어떤 태도를 지니고 있는지를 제대로 보여주지 않고 있다. 자신의 진정한 가치를 형편없이 알리고 있는 것이다.

사람들이 처음 당신에게 가졌던 좋지 않은 인상을 지우고 장점을 발견하도록 만들기 위해서는 꽤 오랜 시간 서로를 알고 지내야 한다. 그것은 다른 누군가에 대해서도 마찬가지다. 성품이 아주 좋은 사람도 때로는 차갑게 보일 수 있으며, 그로 인해 당신은 그 사람에 대해 불쾌감과 매우 나쁜 첫인상을 가질 수 있다. 당신은 그 사람과 더 이상 가까이하려 하지 않으며, 그를 좋아하거나 칭찬하는 사람들을 이해할 수 없을 것이다. 당신은 그 사람에게 호감을 갖지 않을뿐더러 당신과 그 사람 사이에는 어떠한 공통점도 없다고 생각할 수 있다. 당신이 생각하기에 그는 붙임성이 없고 재미도 없으며 말하는 방식이나 태도도 달갑지 않다. 그러나 당신에게 어떤 문제가 생겼을 때, 예를 들어 사업이 기운다거나 가족 문제를 겪거나 개인적인 시련에 봉착했을 때 가장 먼저 달려와주는 이가 그 사람일 수도 있다. 당신은 놀랄 것이고 이후로는 그 사람의 냉정한 성격 안에 따뜻한 마음씀씀이와 진실함이 숨어 있다는 사실을 잊지 못할 것이다. 차가운 겉모습 이면에 진정한 우정과 친절과 배려가 있다는 사실을 알게 되면, 이후로 그 사람에 대해서 갖게 된 좋은 인상은 웬만해서는 바뀌지 않는다.

혹시 당신이 다른 누군가에게 좋지 않은 인상을 심어줄 만한 언행을 했다면, 실수를 만회하기 위해 과도하게 애쓰지 말라. 당신 안에 내재한 인격과 성품을 믿고 우직하게 나아가라. 타인을 기꺼이 돕고자 하는 마음을 간직하고 있는 한 결국 그것은 드러나기 마련이다. 그리고 어느 순간 당신에 대한 평가가 달라져 있는 것을 발견하게 될 것이다.

한 가지 안타까운 일은 따뜻한 성정을 지니고도 그 따뜻함을 냉정한 겉모습으로 가리고 사는 사람이 많다는 점이다. 그런 사람들은 대개 요령이 부족하다. 상대의 마음에 상처를 주는 말과 행동을 해서 잘못된 인상을 남긴다. 또 개성과 매력을 발휘하지 못해서 자기가 속한 공동체에서 강한 인상을 심어주지 못한다. 평생 같은 곳에서 일상을 되풀이하다가 아무런 발자취도 남기지 못한 채 죽을 수도 있다. 외딴 시골구석에서 평생 나고 자라며 생을 마친 촌부의 조용한 삶에서도 우리는 큰 가르침을 배울 수 있다. 내가 말하는 무가치한 인생이란 번화가의 좋은 집에 살고 떵떵거리면서도 타인에게 아무런 울림을 주지 못한 사람의 인생을 말한다.

이처럼 별 볼일 없는 사람이 되어서는 안 된다. 개성 없고 줏대 없는 허수아비 같은 사람이 되어서는 안 된다. 특별히 지향하는 무엇인가가 있어야 한다. 당신이 옳다면 적이 생기는 것을 두려워하지 말라. 당신의 확신이 강할수록 적은 더 많아지겠지만, 당신이 단호할수록 존중하는 사람도 늘어날 것이다.

시어도어 루스벨트는 단순히 정직한 사람이 되는 것만으로는 충분하지 않으며 굳건하게 정직한 사람이 되어야 한다고 말하고는 했다. 아무런 의심을 사지 않을 정도로 강력한 정직함을 갖추어야 한다는 뜻이다. 그는 어중간한 정직함, 즉 정직과 부정직의 경계에 있는 정직함을 싫어했다. 루스벨트는 그러한 성품으로 인해 거대한 세상을 관통했으며, 그가 나타나는 곳마다 지대한 인상을 남겼다. 루스벨트기념협회를 만든 그의 지인들은 루스벨트를 대표할 만한 것을 영구히 남기기 위해 힘쓰고 있다. 이를테면 이 뛰어난 인물이 세상에 각인시킨 고유한 이상과 원칙과 교훈들이다. 누구나 자기 세대에 가치 있는 것을 남기려는 이상을 품어야 하며, 세상이 쉽사리 간과하지 않을 무엇인가를 남기고 가야 한다. 이러한 일은 역사에 기억될 만한 사람들의 전유물이 아니다.

마음을 얻는 것은 성공을 얻는 것만큼이나 중요하고, 친구를 얻는 것이 돈을 버는 것보다 중요하며, 좋은 인상을 주는 것은 어떤 분야에서 일가를 이루는 것만큼이나 중요하다. 우리는 모두 인생에서 성공하고 싶어 하며 삶을 최대한 누리고 싶어 한다. 그러므로 그렇게 하는 데 도움이 될 만한 모든 것을 최대한 활용해야 한다.

"원대한 야망과 이상을 품는 것만으로는 충분하지 않다. 그것들을 가지고 아무것도 하지 않는다면 말이다. 야망과 이상이 행동으로 옮겨지지 않으면 성장에 아무런 도움이 되지 않는다. 이상을 실현하는 과정에서 인생의 성공과 인품의 성숙을 경험한다."

이는 블리스 카르멘(Bliss Carmen)의 말이다. 매력적인 인품과 뛰어난 감수성을 지닌 사업가인 그는 또 다음과 같은 말을 남겼다.

"나는 내 삶이 걸작이 되게 하겠다고 결심했다."

이보다 더 원대한 결심이 있을 수 있을까? 카르멘의 이 결심을 당신의 것으로 삼아보는 것은 어떤가? 당신이 속한 공동체에 당신의 존재감을 확실히 각인시키겠다고 결심하라. 당신의 삶을 싸구려가 아니라 걸작으로 만들기로 결심하라. 모든 인생은 그 사람만이 지니고 있는 것, 그 사람의 고유한 개성을 드러내는 것이어야 한다. 뚜렷한 개성만큼이나 힘이 느껴지는 것은 없다.

강하고 활기찬 개성을 지녔다는 것은 독창적이며 문제 해결 능력과 재능이 있다는 이야기와 같다. 별다른 인상을 주지 않는 사람을 만났을 때, 그러니까 우리가 만난 수많은 사람 중의 한 사람으로만 기억될 누군가를 만났을 때, 거기에는 어떤 힘과 개성도 느껴지지 않는다. 당신의 삶이 가치 있는 메시지를 전하는 것이 되게 하라. 당신의 삶이 어떤 메시지를 전할 것이며, 그 메시지가 어떤 것이냐에 따라 당신의 삶은 하늘과 땅만큼 달라질 것이다.

• 여덟 번째 수업 •

담대함에 대하여

항상 타인의 시선을 신경 쓰고
실패를 두려워하는 당신에게

명석한 두뇌와 성숙한 정신을 지녔고 자신이 속한 사회에서 두각을 나타낼 만한 학식과 재능도 갖추었지만 지나치게 예민한 탓에 자기를 드러내지 못하는 사람이 많다. 성품이 좋은데도 소심하고 부끄러움이 많아서 자기 안에 갇혀 지내는 이들을 보면 참으로 안타깝다. 자신을 감싸고 있는 단단한 껍질을 깨지 못하는 사람들이다. 껍질 속에서 숨이 조여드는 답답함과 압박감을 느끼고, 그로 인해 구속당하면서도 그들은 그 껍질에서 벗어날 수 없다고 믿어버린다. 진정으로 좋은 성품을 갖추고자 하는 사람은 소심함을 내려놓고 예민함을 극복해야 한다. 그러지 않으면 성공적인 삶을 기대할 수 없다.

시드니 스미스(Sydney Smith·영국의 작가이자 설교가)는 말했다.

"이 세상에는 약간의 용기가 부족해서 꽃피우지 못하고 시들어 버리는 재능이 너무나 많다. 첫발을 내딛도록 잘 유도했다면 얼마든지 크게 출세할 수 있었을 사람들이 소심한 탓에 첫발조차 내딛지 못하고 무명(無名)으로 살다가 무덤에 들어가는 경우가 부지기수다. 어떤 일이든 할 만한 가치가 있다면 악조건과 위험 요소들만 생각하며 떨고 있어서는 안 된다. 어떻게든 뛰어들어서 최대한 해보는 것이다."

어떤 일을 간절히 원하고 아주 잘할 능력도 있지만 용기가 부족한 나머지 행하지 못하는 사람들을 어디에서나 본다. 그들은 망설이고 미적거리면서 어떤 도움을 받게 되기를 막연히 기대한다. 하지만 스스로 일을 추진하려거나 자기를 내세울 만한 배짱이 없어서 거대한 삶의 파도가 자기 곁을 스쳐 지나가도 일생 동안 무대 뒤편에 머물러 있다. 한 저명한 작가는 말했다. "소심함이나 이기심으로 인해 결정적인 순간에 머뭇거리고 이상을 버리는 것은 어리석은 실수다. 이 실수가 많은 인생을 절정에서 내리막길로 치닫게 했다."

소심한 사람은 자기에게 찾아오는 기회들을 이용할 줄 모르기에 어느 모로 보나 매우 불리한 처지에 있다. 그런 사람은 보다 대범하고 보다 적극적인 사람들에게 늘 밀려난다. 여물통에서 늘 밀려나는 소심한 돼지가 꼭 그런 꼴이다. 소심한 돼지는 적극적인 돼지들이 게걸스럽게 배를 채우고 나서 남는 것이 있을 때에야 비로소 먹이를 먹을 수 있다. 내 농장에서도 그와 같은 일이 벌어진다. 한 배에서 난 아홉 마리의 돼지들 중 소심한 몇 마리는 늘 여물통에서 밀려난다. 이들을 관리하는 사람이 일부러 다른 돼지들을 떨어뜨려놓고 소심한 녀석들이 먹이를 먹게끔 하지 않는다면 그 녀석들은 아마 쫄쫄 굶을 것이다.

 소심한 사람은 늘 강하고 적극적인 사람들에게 당한다. 휘둘리고 지배당하며 남들이 남긴 것만 챙길 수 있다. 자신감이 없고 적극적이지 못해 앞에 나서지 못한다. 다른 사람들이 자신의 장점을 알아봐주고 등 떠밀어주기를 기다릴 뿐이다.

 소심하고 지나치게 내성적이며 자기를 내세울 줄 모르는 사람은 사회적으로나 하는 일에 있어서 상당히 불리한 입장에 놓인다. 사람들은 그런 사람을 안타깝게 여기며 동정하기도 하고, 지인들이 그의 재능과 여타의 뛰어난 점들을 이야기해줄 수도 있을 것이다. 하지만 결국 승리는 적극적인 자, 자신 있는 자, 밀어붙이는 자, 확신을 주는 자의 몫이다.

겸손이 미덕이라고는 하지만, 지나친 겸손은 비즈니스에서 성공하고 수익을 창출하는 일을 가로막는다. 비즈니스 세계에서는 밀어붙이는 자와 밀리는 자 둘 중 하나만 있을 뿐이다. 밀어붙이는 자가 목적지에 도달한다. 밀리는 자는 절대 앞서지 못한다. 소심한 사람은 늘 뒤로 물러나 있으며, 가능하면 뒷자리를 지킨다. 남 앞에 자신을 드러내고 다른 사람들의 시선이 집중되는 것을 견디지 못한다.

이처럼 자기를 드러내지 않는 내성적인 성격은 자기를 해치는 것이나 마찬가지다. 자기 안에 힘을 가두어놓고 쓰지 못하게 만들어 자신을 피해자로 만들기 때문이다. 그 힘은 활력과 자신감을 적극적인 방식으로 다룰 때만이 끌어낼 수 있다. 자기 확신과 자신감을 키울 때 소심한 사람들의 삶과 일은 크게 바뀔 것이다. 하지만 이들이 강박적으로 가지고 있는 불안, 즉 타인의 생각과 시선에 대한 두려움으로부터 벗어나기란 매우 어렵다.

소심한 사람들이 시달리는 또 하나는 상상 속의 열등감이다. 열등감에 휩싸여서 소심함의 틀 밖으로 나오려는 노력을 충분히 하지 못하기에 그들의 삶은 늘 곁길로 샌다. 그들은 끊임없이 커다란 결핍에 시달리며 자기에게 무언가 문제가 있다고 느끼지만, 그 상태를 바꾸어보겠다는 결심은 하지 못한다.

소심한 사람이 앞으로 나아가지 못하도록 막는 것 중의 중요한 한 가지가 그들이 가지고 있는 지나친 예민함과 과도한 자의식이다. 그들은 매우 민감해서 쉽게 상처를 받는다. 타인에게 무시나 모욕을 당한다고 생각하기 때문에 상대방의 의도를 의심하고는 한다. 이러한 성격적 결함을 제어하지 않으면 취약함이 점점 커져서 결국에는 강박이 심해지고 삶을 쭈그러들게 하며 사실상 완전히 삶을 망가뜨리고 만다.

고운 외모와 순수한 내면, 섬세한 기질이 소심하고 예민한 사람들의 특징일 때가 많다. 그들 중에는 상당히 매력적인 사람이 많지만, 그들의 그 곱고 섬세한 면이 지나쳐서 거친 세상을 헤쳐 나가기에 부적합할 뿐이다. 그들은 많은 사람 앞에서 위축된다. 투쟁적이고 힘든 삶은 그들의 성미에 맞지 않다. 그들은 점점 세상을 등지고 대중과 동떨어진 삶을 살게 된다. 메마르고 틀에 박힌 일상을 살면서 자기보다 강하고 적극적인 사람들과 겨룰 수 있는 강한 기질을 결코 개발하지 않는다.

천성적으로 수줍음이 많고 예민해서 사람들을 피하는 소심한 사람은 이 성격적 결함을 깨닫고 그것을 극복하겠다는 마음을 먹어야 한다. 그렇지 않으면 자기 성격에 발목이 잡히고 만다. 군중과 섞이지 않고 사람들을 피하며 혼자 지내는 시간이 길어지면 자신을 발현할 기회를 잃고 배운 것이 다 허사가 되는 대가를 치러야 한다. 외톨이로 지내면 자기의 성품을 단련하고 내면의 힘을 키울 수 있는 가능성에서 멀어진다. 사람은 외톨이로 살도록 만들어지지 않았다.

내가 아는 한 사람은 성격이 너무 소심한 나머지 다른 사람들을 만나는 것을 고통스러워했다. 길에서 누군가와 마주치게 될라치면 대화를 피하기 위해 일부러 길을 돌아갔다. 심지어 상대방이 오랫동안 알고 지낸 친구일지라도 말이다. 어렸을 때부터 집에 손님이 오면 갖은 핑계를 대서 자리를 피했다고 한다. 헛간이나 장작을 쌓아놓은 창고 같은 데 가서 손님이 갈 때까지 숨어 있었다. 그리고 교회든 어디든 사람들이 모이는 곳은 남들보다 아주 일찍 가 있으면 몰라도 이미 사람들이 모여 있으면 들어갈 엄두를 내지 못했다. 그는 부끄러움이 너무 많아서 사람들을 대하는 것이나 어떤 식으로든 자기에게 관심이 집중되는 것이 크나큰 스트레스여서 그런 상황을 아예 견디지 못했다. 그는 늘 혼자였고 책에 파묻혀 지내면서 자신의 모자람에 대해 곱씹고는 했다.

그러나 마침내 그는 자기의 소심한 성격이 사회생활을 망치고 있다는 사실을 깨닫게 되었고, 이를 극복하기로 결심했다. 그는 심리학을 공부하기 시작했고, 공부한 것을 생활 속에서 실천해나갔다. 지금 그의 지인들은 그를 예전의 그 소심하고 내성적인 사람으로 거의 기억하지 않는다.

많은 사람이 소심한 나머지 진실하지 않게 살아간다. 거절할 수가 없어서 "아니요."라는 소리를 하지 못하는 것이다. 그들이 거짓된 태도로 포장하는 것은 마음이 정직해서가 아니라 소심해서다. 자기 신념이나 견해를 고집할 수 있는 내면의 힘이 없는 것이다. 그들은 다른 사람들의 뜻에 반대하는 것을 두려워한다. 상황을 좋게 만들기 위해 늘 동의하려고 한다. 소심함은 병을 만들기도 한다. 소심한 사람은 늘 불안해하고, 만성적인 불안은 심장과 혈액 순환에 심각한 영향을 미친다. 따라서 몸의 순환계가 원활하게 기능하지 못하게 하고, 혈액이 활발하게 돌면서 빠져나가야 할 독소가 체내에 쌓이게 된다.

불안은 몸의 순환을 방해할 뿐만 아니라 의욕과 에너지도 마비시킨다. 불안은 확신과 자신감에 차 있는 사람보다 소심한 사람에게 더욱 심각한 영향을 미친다. 조금이라도 자신에게 주의가 집중되는 상황들, 예를 들어 비판을 받거나 당황스럽거나 창피함을 느끼는 순간을 극도로 두려워한 나머지 꼭 하고 싶은 말과 행동을 자연스럽게 억누르게 된다. 이러한 병적인 수줍음, 타인이 자기에게 어떻게 나올지에 대한 불안은 그를 그늘 속에 가둘 뿐만 아니라 건강마저 해친다. 자신의 속을 있는 그대로 드러내는 것이 건강에 이롭다.

"일상에서 두려움을 극복하지 못하는 사람은 삶의 교훈을 얻지 못한 사람이다."라고 에머슨은 말했다. 내가 만난 소심한 사람들은 하나같이 미루는 습관이 있다. 대다수가 꾸물거리는 습관이 있는데, 이것이 그들에게는 저주와 같다. 즉시 무언가를 결정할 수가 없어서, 특히 중요한 문제를 놓고 최종 결정을 강요받는 상황에서는 죽을 맛이다. 그들은 자신의 판단에 대한 확신이 없으며 스스로를 믿지 못한다. 확신을 갖기 위해 자기 의견을 다른 사람이 뒷받침해줄 때까지 기다린다. 이런 습성 때문에 그들은 줏대가 없다는 얘기를 듣고, 이로 인해 더욱 소심해진다.

또한 이런 사람들은 기질적으로 담이 부족하다. 위험을 감수하기를 두려워하고 감수한다 해도 밀어붙일 용기가 없다. 이것이 소심한 사람들이 대범한 사람들에게 뒤처지는 이유 중 하나다. 이들은 충분히 할 수 있을 것 같은 일에도 도전하려는 용기를 내지 않는다. 늘 다시 생각해보면서 결정을 미룬다. 단호하게 결정할 수 있는 힘이 소심함으로 인해 너무나 약해져 있다.

갈수록 인구가 많아지고 경쟁이 치열해져가는 이 시대에는 소심하고 우유부단한 젊은이들이 설 자리가 없다. 오늘날 성공하려는 이는 용기도 있어야 하지만 기회에 도전하는 배짱이 있어야 한다. 확실한 것만을 기다리는 자는 결코 승자가 될 수 없다.

스스로 자신을 믿으면 믿어주는 이가 아무도 없을지라도 승리할 수 있다. 반면 다른 사람들이 다 믿어주어도 스스로를 믿지 못하면 패자가 될 수밖에 없다. 나팔을 불어 자신을 광고할 필요는 없지만, 자기 자신을 알고 존중할 줄 알아야 한다. 소심함을 극복해야 한다. 자신에 대한 믿음을 갖고 그것을 실천함으로써 두려움과 자기 불안으로부터 벗어나야 한다. 자기 안에 있는 힘을 사용해야 한다. 그러지 않으면 그 힘은 점점 약해지다가 결국에는 완전히 소멸하고 만다.

실수를 하면 어떤가? 실패하면 또 어떤가? '실패는 죄악이 아니다. 목표를 낮게 잡는 것이 죄악이다.'라는 말을 기억하라. 시도해보고 실패하는 것이 할 수 있는데도 용기가 없어서 하지 않는 것보다 훨씬 낫다.

셰익스피어는 말했다. 비겁한 자는 실제로 죽기 전에 여러 번 죽는다고. 소심한 사람들은 실제로 오지 않은 헤아릴 수 없이 많은 불행에 시달린다. 용기가 부족한 탓에 지레짐작으로 결과를 과장하기 때문이다. 만일 그들에게 확신과 용기가 있다면, 그들이 예상하는 그런 일이 실제로 일어난다 해도 크게 개의치 않을 것이다.

세상의 평가와 타인의 시선이 두려워서
아무것도 하지 못하는 이들은 알아야 한다.
사람들은 당신에게 별 관심이 없다.
당신을 저울질하는 가장 냉엄한 평가자는 바로 당신 자신이다.

그리고 소심한 사람들은 그들이 생각하는 것만큼 다른 사람이 그들에게 관심을 두지 않는다는 사실을 깨달아야 한다. 다른 사람들은 사실 그들에게 별 관심이 없다. 다들 자기 일에 바빠서 당신이 무엇을 하고 있는지 그다지 신경을 쓰지 않는다.

소심함은 극복하기 어려운 약점이나 정신질환이 아니다. 약간의 심리학적 지식만 있으면 된다. 서로 상반된 두 가지 정신적 태도가 한 사람 안에 동시에 존재할 수 없다는 것과, 한쪽이 다른 한쪽을 약화시키게 되어 있다는 점을 알면 된다. 열등감도 마찬가지다. 열등감과 상반되는 생각을 마음에 품으면 나쁜 감정은 해독된다. 용기와 배짱을 키우고, 자기 안의 신성함을 인식하며, 어려움을 극복할 힘을 지닌 인간의 타고난 권리를 마음에 새기라.

소심함과 예민함처럼 우리의 행복과 성공을 가로막는 적들은 사실 생애 초기에 잘 다루면 비교적 쉽게 치유할 수 있는 약점들이다. 한편 중년이 훨씬 지난 후에, 그것도 상당히 빠른 시간 안에 소심함을 극복한 놀라운 사례들도 많다. 자신의 힘을 깨닫고 정신적 취약함을 약화시킬 해독제를 사용하는 것이 관건이다. 그렇게 할 때 항독소로 디프테리아균을 중화시키는 것과 같이 증상을 낫게 할 수 있다.

소심함의 희생자는 자신이 남들과 다른 별종이 아님을 기억해야 한다. 스스로를 운명에 의해 이리저리 흔들리는 방랑자나 꼭두각시 인형쯤으로 인식해서는 안 된다. 오히려 그들은 위대한 우주적 창조의 힘에서 뻗어 나온 살아 있는 생명력이다. 햇빛이 태양으로부터 떨어질 수 없듯이 그들도 생명의 원천에서 분리될 수 없다는 점을 계속해서 자각해야 한다. 그렇게 할 때 신의 자녀로서의 존귀함과 힘을 느끼고 내면의 힘을 키울 수 있으며 상황에 대처하지 못할 것 같은 무능한 느낌이나 열등감을 딛고 올라설 수 있다.

만약 당신이 소심한 사람이라면 그 치료약이 당신 안에 있다는 사실을 기억해야 한다. 외부의 도움으로 문제가 해소되리라고 기대해서는 안 된다. 당신의 단점을 극복하고 삶의 목표를 이루는 것은 오로지 당신 자신에게 달려 있다. 당신의 자유 의지 없이 오직 무한한 힘이 당신을 끌어줄 것이라는 생각으로 자신을 속이지 말아야 한다. 당신에게는 배를 저을 노가 있다. 삶의 승리와 패배에 대한 책임은 당신 자신에게 있다. 이것을 빨리 깨달을수록 좋다. 그러니 책임을 지는 것이 두려울지라도 애써 책임을 져야 한다. 칼라일(Thomas Carlyle·영국의 문학평론가이자 역사가)은 이렇게 말했다. "당신에게 가장 가까이 있는 책무를 행하라. 그러면 그 다음 것은 이미 분명해져 있을 것이다."

· 아홉 번째 수업 ·
이기적으로 얻어낸 이윤의 대가

이기심이야말로
당신의 가장 큰 적이다

알래스카에 있을 때 '죽은 말의 협곡(Dead Horse Gulch)'이라는 곳에 가본 적이 있다. 옛 유콘강 철길에 자리한 이 협곡에는 비극적인 사연이 깃들어 있다.

알래스카에서 금이 발견된 뒤 금광 열풍에 사로잡힌 사람들이 미친 듯이 금이 발견된 곳으로 몰려들었다. 사람들은 무거운 짐을 옮겨줄 말들을 끌고 유콘강 아래 산골짜기로 들어갔다. 말들이 들어갈 수 있는 데까지 최대한 깊이 들어간 다음에는 4,000마리나 되는 말들을 그대로 버려두고 떠났다. 결국 말들은 추위와 배고픔 속에서 죽어갔다. 몇 년 후 이 불쌍한 짐승들의 해골이 골짜기를 가득 메워서 해골을 밟지 않고는 골짜기를 건널 수 없을 정도였다. 말들의 이 비참한 사연이 골짜기의 이름이 되었다. 말들은 주인을 충실히 섬겼지만, 탐욕이라는 이름의 우상에게 가혹한 희생 제물로 바쳐졌다. 말들을 버린 뒤 금을 찾아나선 무리 가운데 약골들과 몸이 아픈 사람들도 뒤처진 채 하나둘 죽어갔다. 아무도 그들과 함께 남거나 돌봐주지 않았다. 사람들은 금이 있다는 그 신기루 같은 곳에 도착하기만 하면 당장 부자가 되고 모든 고생이 끝날 것이라는 생각에 빠져 있었다.

문명이 발달하고 신에 대한 믿음이 있는 땅에서 그런 일이 있을 수 있다는 사실이 믿어지지 않지만, 지금도 매일 비슷한 일들이 벌어지고 있다. 탐욕에 사로잡힌 사람은 낙오된 이웃을 그대로 버려두고 자기를 충실히 따랐던 동료들마저 버린다. 형편이 어려워지면 수년 동안 헌신적으로 일해온 충직한 직원일지라도 가차없이 내보낸다. 직원이 아프거나 다른 안 좋은 일이 생겨 더 이상 일할 수 없게 된 때에도 마찬가지로 행동한다.

이기적이고 탐욕스러운 삶을 사는 사람은 본바탕이 제대로 자라지 못한다. 그런 사람은 결코 성숙한 인간이 될 수 없다. 이기심이 인격의 성장과 발달을 가로막기 때문이다.

예를 들어 장미꽃 봉오리가 이렇게 말한다고 가정해보자. '나는 나의 아름다움을 알아주지 않는 세상에 내 꽃잎을 열어 보이고 나의 아름다움과 향기를 펼쳐 보일 수가 없어. 이것들을 내어주지 않을 거야. 나 혼자 간직할 거야.' 물론 이 장미는 자라지 못할 것이다. 봉오리를 열어서 스스로를 펼쳐야 꽃이 자라고 향기와 아름다움을 세상에 내놓을 수 있으니 말이다. 이것을 내놓지 않고 장미가 될 수는 없다. 그냥 말라죽고 말 것이다.

대부분의 범죄 이면에는 이기심이 자리하고 있다. 세상에서 벌어지는 잘못들의 대부분이 이기적인 동기에서 비롯된다. 자신의 이익만 생각하고 쾌락을 과도하게 탐닉하고 많은 것을 소유하려는 마음과 행동이 잘못을 범하게 한다.

만약 당신이 당신 자신만을 생각한다면 당신이 얻는 것들에서 만족감을 얻기 어려울 것이다. 그러나 성장과 봉사를 추구할 때, 스스로 쓸모 있는 존재가 되어 세상을 더 살기 좋은 곳으로 만드는 삶의 목적을 가질 때, 재산을 모으는 것보다 인류에게 기여하는 것을 소명으로 느끼고 따를 때, 지속적인 만족감을 느낄 것이다. 세상만사는 이기적인 사람에게 불리하게 돌아가게 되어 있다. 사람도, 일도 그런 사람을 배척한다. 누구나 이기적인 사람을 싫어하며 아무도 그에게 매력을 느끼지 못한다. 모든 사람은 선천적으로나 후천적으로나 이기심을 경멸한다. 그런데도 그런 사람 곁에 누군가가 있다면, 그 역시 자신의 이익을 취하기 위한 눈속임을 부리는 것일 뿐이다. 그렇게 그 둘 다 스스로의 삶을 갉아먹는다.

우주에는 항상 평형을 이루려는 보상의 법칙이 존재한다. 내가 내어주는 것이 결국에는 나에게 돌아오게 되어 있다. 무언가를 거저 얻으려 한다면, 아무것도 내어주지 않으면서 얻으려고만 한다면, 얻을 수 있는 것은 최대한 얻고 끌어오며 쌓아놓으면서 주는 것에 인색하다면, 보상의 법칙은 당신이 얻고자 하는 그것을 끊어버릴 것이다. 나가는 것과 들어오는 것은 결국 일치하게 되어 있다. 단순히 원하기만 한다고 들어오는 것이 아니며, 나에게서 나가는 것만큼 들어오게 된다. 작용과 반작용은 항상 균형을 이루기 마련이다.

만물은 지극히 공정하다. 선은 선으로, 악은 악으로 갚아주는 것이 자연의 법칙이다. 자기만 알고 이득을 볼 기회만 노릴 때 시야가 좁아지고 타인의 호감을 사지 못하는 소인배가 될 수밖에 없다. 인간은 절대로 자신만을 위해 살 수 없다. 자기 것을 꼭 움켜쥔 채 내놓지 않고 이기적으로 살면 우리 자신의 본성이 쪼그라들고 성공과 번영의 가능성을 스스로 축소시킬 수밖에 없다.

이기적인 사람은 행복할 수 없다. 행복은 이기적으로 살지 않는 삶에 주어지는 결과이자 보상이고 이기심 없는 봉사와 기여를 통해서만 얻을 수 있다. 이기심은 아주 수준 낮은 만족감을 줄 뿐이다. 고차원적인 만족이 아니라 하등 동물이나 누리는 원초적인 만족만을 준다. 간단히 말해서, 우리의 삶이 우리를 위한 신의 계획, 즉 우주를 위한 신의 계획과 일치하지 않으면 진정한 우리 자신이 될 수 없으며 우리가 이를 수 있는 최고 경지의 성장에 도달하는 것도 불가능하다. 이기적으로 살면서 이기적이지 않은 삶에게 주어지는 만족과 행복을 동시에 누릴 수는 없다. 무한한 존재와 일치하고 그 신성한 법칙과 조화를 이룰 때만이 진정으로 살아 있다고 할 수 있다.

우리가 타인에게 잘못을 저지를 때 기분이 나빠지는 건 왜일까? 그 이유는 우리가 다른 사람에게 상처를 줄 때, 동시에 우리 자신에게도 상처를 주기 때문이다. 우리가 우주의 일부인 것처럼 우리의 이웃도 우주의 일부이기에 이웃은 우리의 일부다. 따라서 우리가 이웃을 다치게 하면 우리 자신을 다치게 하는 것이기도 하다. 형제를 칼로 찌르는 것은 나 자신을 칼로 찌르는 것이다. 생각으로, 말로, 행위로 이웃에게 잘못을 범하면 그것은 곧 나 자신에게 잘못을 저지르는 것과 마찬가지인 것이 우주의 법칙이다. 누구도 눈치 채지 못할 만큼 은밀하게 잘못을 저질렀다 해도 우리

마땅히 타인에게 가야 할 이익을 가로채
내 것으로 만들었다면,
다른 누군가의 고통에 무관심하고 상대를 배격했다면,
세상은 똑같은 방식으로 그를 대한다.
성공과 행복은 세상에 기여한 자만이 누리는 보상이다.

의 섬세한 감각은 그것을 마음과 기억에 새긴다. 상처를 주면 상처를 받는다. 이것이 불변의 법칙이다.

사람들 사이에 오가는 모든 거래와 계약에는 보이지 않는 협력자가 존재한다. 그 협력자는 그 거래가 당사자들 모두에게 완전히 공정하게 이루어지도록 지켜보고 있다. 만약 거래가 부당하다면, 그 협력자는 우리가 타인에게 행하거나 의도한 것을 한 치의 오차도 없이 되돌려 받도록 조율한다. 우리가 진정으로 남을 도우려 한다면 우리 자신도 복을 받는다. 그 어떤 것도 그 복을 가로막지 못한다. 자선단체에 1,000달러를 기부하면서 아무도 모르게 해달라고 당부하더라도 보이지 않는 협력자는 당신이 결국 보상을 받게 하며 당신의 행위로 인해 당신의 삶이 더욱 풍요로워지도록 만든다. 반면 당신의 행위가 적절하지 않고 이기적이며 타인에게 해를 가하려는 의도라면, 당신의 삶은 그만큼 빈곤해질 것이다. 타인에게 가하는 타격은 당신에게 돌아오게 되어 있다. 적절하지 않은 행동, 악한 생각은 항상 그것을 내보낸 사람에게 돌아와 상처를 입힌다.

이기심은 어떤 경우에도 득이 되지 않는다. 우리는 그 무엇도 공짜로 얻을 수 없다. 착취해서도 안 된다. 그런 행위는 자연의 법칙에 위배되며, 우리 존재에 각인된 영원불변한 법칙에 어긋난다.

우리는 오직 뿌린 것만 거둘 수 있다.

타인을 속일 수 없다는 사실을 우리는 깨달아가고 있다. 사람은 자기 자신만 속일 수 있을 뿐이다. 우리가 다른 사람을 속였다고 생각할 때 우리 자신을 속이는 것이다. 세상일은 본질적으로 정의가 이루어지도록 되어 있으며, 정확하게 셈이 맞아떨어지게 되어 있다. 가장 이득을 보았다고 생각할 때 사실은 가장 손해를 본 것이다. 이런 경험은 우리의 자존감을 훼손하는 상처를 남긴다. 의도적으로 누군가를 속이고 나면 스스로에 대한 존중이 낮아지며, 결국에는 물질적인 면에서도 궁핍한 상태에 놓이게 된다.

과거에는 남을 속여서 이윤을 남길 수 있었다. 많은 사람이 남을 속여서 밥벌이를 했으며, 정직하지 못한 행위를 할 때마다 스스로를 황폐하게 만들고 삶이 더욱 궁핍해진다는 점을 깨닫지 못했다. 내가 어렸을 때만 해도 사람들은 정직하지 않아야 장사에서 이윤을 남길 수 있다고 생각했다. 하지만 요즘에는, 시대가 앞으로 나아갈수록 비즈니스에서도 정직이 득이 된다는 것이 황금률이 되어가고 있다. 정직하지 못한 것은 결코 득이 되지 않는다는 사실을 깨닫고 있으며, 물질적인 손실을 감당하는 정직이 손해가 아니라는 점도 알아가고 있다. 정직은 늘 최선책이다. 세계 굴지의 회사들이 이 황금률을 잘 따를수록 이윤이 늘어나며 사업의 만족도가 커진다는 사실을 깨닫고 있다.

과거에 정직은 교회 목사의 설교 주제나 주일학교에서 가르치는 덕목쯤으로 여겼지, 일상생활에서 적용할 만한 것은 아니라고 생각했다. 비즈니스를 하는 사람들이 이 황금률을 지키는 것은 드문 일이었고, 지킨다 해도 다른 이유보다는 주로 도덕적 의무감에서 그렇게 했다. '사는 쪽이 조심해야 한다'는 것이 그 시절의 사고방식이었다. 물건을 구입하면서 속는 것은 그 사람의 탓이라고 여겼다. 장사꾼은 타인을 속여서 이윤을 남기는 것에 어떠한 가책도 느끼지 않았고 책임도 지지 않았다. 누구나 할 수 있는 데까지 흥정을 했다. 가게 점원들이 최대한 물건 값을 올려 받으려고 손님과 실랑이를 하는 일이 흔한 풍경이었다.

존 워너메이커(John Wanamaker·미국의 기업인, '백화점 왕'이라고 불렸다)는 가격 정찰제를 처음으로 제시한 상인이었다. 그가 제시한 이 방식은 세계적으로 상거래의 혁명을 일으켰다. 오늘날은 싸구려만 취급하는 점포라면 모를까, 더 이상 옛 시절의 흥정을 볼 수는 없다. 웬만한 가게라면 누구나 같은 물건을 같은 가격에 사는 것이 일반적이다. 가격에 있어서는 모두가 동등한 대우를 받고 있는 것이다.

대중은 인간의 속성 중에서도 특히 이기심을 절대 용서하지 않는다. 역사는 탐욕과 이기심을 기념하지 않는다. 인류를 이롭게 한 이들만을 기념한다. 해마다 일어나는 일이지만, 이기적으로 재산을 모은 부자들을 세상이 얼마나 빨리 잊는지만 봐도 알 수 있다. 부자가 사망했다는 소식이 전해지면 놀라울 정도로 재빨리 그의 존재는 대중의 기억에서 지워진다. 비교적 셈이 빠른 뉴욕 시민들도 5년 전만 해도 줄곧 언론에 오르내리던 억만장자들의 이름을 기억하지 않는다. 지금 그들의 이름이 거론될 때면 주로 조롱의 대상이 될 뿐이지 존경심을 갖고 이야기하는 경우는 드물다.

이와 반대로 이미 오래전에 세상을 떠났으며 가난하게 삶을 마친 사람들 중에는 늘 맑고 향기로운 존재로 기억되는 이들이 있다. 그 이유는 그들이 이기심 없이 명예롭게 살았기 때문이다. 링컨이, 피터 쿠퍼(Peter Cooper·미국의 기업가, 자신의 전 재산을 사회에 기부했다)가, 조지 피바디(George Peabody·미국의 은행가, 교육 증진과 노동자의 삶을 개선하는 사업에 전 재산을 쏟았다)가 그런 사람들이다. 그들의 이름은 역사에도 남았고 해가 갈수록 더욱 밝게 빛나고 있다.

기회가 될 때마다 친절하게 말하고 친절하게 행동하라. 똑같은 순간은 다시 오지 않는다. 당신이 쌓아둔 것을 다 가질 수 있다고 생각하며 스스로를 속이지 말라. 당신이 쌓아둠으로써 다른 사람이 결핍을 겪도록 한다면 당신은 정작 중요한 것을 잃은 것이다. 그것은 타인을 돕고 봉사하는 마음이다. 이것을 잃는 것은 당신의 인품을 형성하는 매우 소중한 무언가를 잃는 것이다.

몰인정하며 남을 돕지 않는 삶을 살면서 이기적으로 성취한 것들을 누릴 수 있는 사람은 없다. 원한다면 당신은 남들을 상관 않고 자신만을 위해서 살며 궁핍한 이들의 고통에 무감각해질 수 있다. 하지만 그렇게 할 때 결과는 무엇이겠는가? 보상의 법칙에 따라 자연은 당신이 남들에게서 빼앗은 모든 것을 당신에게서도 빼앗을 것이다. 당신은 감정을 느끼고 삶을 누리는 능력을 잃을 것이다. 당신이 타인의 이익을 위해 사용해야 할 것들을 계속 쌓아놓기만 한다면 당신은 피도 눈물도 없는 목석같은 사람이 되어 고통의 울부짖음에 무감각해질 것이다. 한마디로 당신은 괴물이 되어갈 것이다.

이기적으로 이득만 챙기면서 살 수는 없다. 아무리 교활한 사람이라도 자신을 속일 수 없으며, 자연의 섭리를 거스를 수 없다. 베풀지 않으면 잃는다는 것은 자연의 법칙이다. 당신은 인색하고 쩨쩨하며 이기적이고 비열하게 살 수도 있다. 하지만 이기적으로 살아온 모든 시간에 대해 무서운 대가를 치러야 할 것이다. 자신의 안락과 편의, 이기적 행복, 탐욕을 추구하면서 자신의 관심사만 생각하며 살아온 사람은 단물을 다 빨아먹은 오렌지처럼 삶이 초라해지는 것을 보게 될 것이다. 젊은 시절의 친구들은 그를 저버렸을 것이고, 세상은 그가 세상을 대한 것과 똑같은 방식으로 대할 것이다. 세상의 도움을 필요로 할 때 세상은 어떠한 사랑도, 연민도, 도움도 줄 것이 없을 것이다. 자연의 섭리는 이기적인 삶에 무서운 대가를 요구한다.

· 열 번째 수업 ·
예의란 무엇인가?

바른 인격은 자연스럽게
품위와 예의를 동반한다

뛰어난 서비스와 고객을 친절하게 응대하기로 이름난 유럽의 한 여관에는 주인이 벽에 이런 문구를 새겨놓았다. '저희 트로케트 여관을 찾은 최고의 손님들께서는 최고의 빵과 고기와 와인을 만나실 수 있습니다.' 이 문장에서 방점이 찍힌 구절은 '최고의 손님'이다. 손님으로서 품위를 지킬 때 그만한 대접을 받을 수 있다는 의미다.

공손함과 예절도 이와 같다. 당신이 어디를 가든 훌륭한 품위를 보인다면 당신이 만나는 모든 사람이 당신처럼 공손하고 예의 바르게 행동할 것이다. 평생을 살면서 인간관계에서나 사회적으로 별 소득이 없는 사람들은 평소에 예의를 차리지 않았기 때문일 수 있다. 예의를 버려두고 다닌 결과, 어디를 가든 마찰을 일으키고 늘 누군가와 다투게 된다.

높은 자리에 있을수록 예의는 중요한 비중을 차지한다. 진정으로 최고인 사람은 품행 역시 돋보인다. 높은 직위에 오른 뒤 마치 예의에 관해서 면제 특권이라도 얻은 것처럼 행동하는 사람은 결국 나락으로 떨어지게 되어 있다.

예의바른 태도에 영향을 받지 않는 사람은 없다.

'매너가 사람을 만든다.'

인생에서 성공하려면 위컴의 윌리엄(William of Wykeham · 잉글랜드의 성직자이자 정치인)이 남긴 이 좌우명을 가슴에 새겨야 한다.

당신의 재능과 학식이 아무리 뛰어나다 한들 무례하고 퉁명한 태도를 지녔다면 사람들은 당신을 멀리할 것이다. 당신이 편견이 심하다면 사람들은 당신에게 마음의 문을 닫을 뿐 아니라 집 대문도 닫아버릴 것이다. 예의가 없는 사람은 제아무리 능력이 뛰어나도 한 걸음 한 걸음 진로를 개척할 때마다 전력을 다해야 할 것이다. 적대감을 가진 사람들이 호락호락 길을 비켜주지 않을 것이기 때문이다. 어디를 가든 환영받는, 품위 있고 친절하며 상대를 기분 좋게 만드는 사람에게는 다르다. 그들이 나아가는 곳마다 문이 활짝 열린다. 더 큰 능력을 가졌지만 예의가 없는 사람은 온 힘을 다해 그 문을 열고 들어가야 한다.

누군가를 소개받을 때 그 사람의 좋은 품행보다 나은 소개장은 없다. 표정과 태도는 사람의 마음을 쉽고 빠르게 읽게 해주는 세계 공용어다. 대부분의 사람이 외모가 빼어난 사람보다 품행이 바른 사람에게 매력을 느낀다. 얼굴이 못생겼거나 심지어 몸에 장애가 있어도 품행이 바른 사람은 얼굴이 훤하고 탁월한 신체 조건을 지녔지만 버릇없고 퉁명한 태도를 지닌 사람보다 훨씬 더 좋은 대접을 받고 무슨 일을 하든 유리한 입장에 서게 된다. 에머슨은 이렇게 말했다. "좋은 환경에서 잘 배운 품행은 힘이 있다. 그 사람이 아름답거나 부자이거나 머리가 비상하게 뛰어나지 않을지라도 남에게 대우를 받으며 어디를 가든지 환영받는다."

대부분의 사람이 밝고 조화로운 곳을 찾는다. 어둡고 축축하고 침울한 곳은 피하고 싶은 것이 인지상정이다. 우울한 환경에 처할 때만이 아니라, 남과 화합하지 못하는 냉정하고 불쾌한 사람을 만날 때에도 우리는 위축된다. 누구나 쾌활하고 온화한 사람들과 어울리고 싶어 하지 퉁명하고 상스러우며 이상하고 불쾌감을 주는 사람들을 가까이하고 싶어 하지 않는다.

비즈니스에서 성공하는 데 있어 철저한 정직함만큼 중요한 것이 숙녀답고 신사다운 정중한 품행이다. 두 사람이 한 직장에 지원할 경우, 다른 모든 조건이 동일하다면 예의바른 사람이 그 자리를 얻게 된다. 첫인상이 많은 것을 결정한다. 거칠고 예의 없는 태도는 즉시 타인의 마음에 선입견을 심어놓는다. 마음의 문을 닫게 하고 사람 사이에 장벽을 만든다.

직장에서는 특별한 재능이 없어도 공손한 태도 덕분에 출세하는 이들이 많다. 의사들 가운데에는 지인과 환자의 추천 덕분에 좋은 평판을 쌓고 성공하는 경우가 많은데, 이것은 비단 의사만이 아니라 변호사, 성직자, 무역상, 상인, 그 밖의 각계각층 모든 사람들이 경험하는 일이다.

오늘날은 경쟁이 치열한 시대인 만큼 고객을 확보하기 위해 영업에 영향을 미칠 만한 요소는 모두 활용해야 한다. 25년 전만 해도 직원을 채용할 때 성격이나 품행과 상관없이 능력을 가장 중요한 기준으로 삼았다. 하지만 지금은 품행과 능력 둘 중에 하나를 고르라면 품행을 선택하는 기업주가 더 많다. 예의를 갖추지 못한 능력은 오래지 않아 도태될 수밖에 없고 인격이 없는 유능함은 오히려 독이 될 수 있다는 사실을 알기 때문이다.

사람을 사귀고 관계를 유지하는 능력과 쾌활한 성격은 회사의 직원에게 있어 매우 가치 있는 자산이다. 무례하고 경솔하거나 냉담하고 독선적인 직원은 고객들을 줄줄이 떨어져나가게 만든다는 사실을 고용주는 잘 안다. 고용주는 공손하고 세심하며 친절하고 쾌활해서 그 직원에게 서비스를 받으려고 일부러 먼 곳에서도 손님이 찾아오도록 만드는 상황을 원하는 것이다. 예의 없는 태도로 인해 손님들이 기피하는 직원들도 흔하다. 뛰어난 능력과 탁월한 재능이 예의바르고 공손한 태도를 대신하지 못한다는 점을 고용주는 안다. 사람의 마음은 정중함에 끌리기 마련이다.

한 대규모 사업체는 고객의 좋은 평가를 가장 귀중한 자산으로 여긴다. 고객의 호감도를 가장 빨리 그리고 효과적으로 만들어낼 수 있는 방법은 공손한 태도밖에 없다. 공손한 태도는 좋은 품성을 나타내는 지표이며, 태도가 공손한 사람은 다른 좋은 품성들도 함께 갖추고 있기 마련이다.

뉴욕에 위치한 한 은행 총재는 이렇게 말했다.

"만일 제가 스무 개 나라에서 연설을 한다면, 어느 나라에 가든지 예의에 대해 연설할 것입니다. 예의가 바로 성공의 요술 램프거든요. 저는 예의를 가볍게 다루지 않습니다. 제가 금융계에서 56년간 종사하면서 나날이 깨달은 것은, 어느 분야에서 경력을 쌓든 예의가 최고 덕목이라는 사실입니다. 예의는 신사와 숙녀의 품성이자 영민한 직장인의 자질입니다."

'예의가 상품보다 오래간다.'

한 대형 백화점의 슬로건이다. 예의는 당신이 구입하는 그 어떤 물건보다 오래 남는다. 우리를 상대했던 직원이 남달리 예의 있고 친절했던 것, 우리를 특별히 배려하던 것을 기억하고 고마워하는 것이 인간의 본성이다. 모든 사람이 상냥하고 매력적인 사람을 좋아한다. 미소에 끌리며, 찌푸린 얼굴을 보면 움츠러든다. 무시당하거나 소홀하게 취급받는 것을 좋아하지 않는다. 가능하면 점잖고 예의바른 사람들과 어울리려고 한다. 하지만 안타깝게도 젊은이들은 예의바르고 쾌활한 태도가 세상에서 거두는 성공과 얼마나 깊은 관계가 있는지 깨닫지 못한다. 공손하고 품위 있는 태도에는 거부할 수 없는 매력과 강력한 힘이 있다. 심지어 판사와 배심원의 마음까지도 흔든다.

필체가 악필인 데다 맞춤법까지 엉망이었던 말버러 공작(Duke of Marlborough·영국의 장군)은 품행이 발랐고 매력이 철철 넘쳤다. 그의 매력은 다른 나라들과의 거리감을 없애고 유럽 전체에 영향을 미칠 정도로 강력했다. 사람의 마음을 사로잡는 태도와 언변은 맹렬한 증오심도 녹였고 가장 적대적인 적들까지 우방으로 만들었다.

매력적이고 호의적인 태도가 영예와 큰 승리를 쟁취하는 경우를 어디에서나 보게 된다. 영국의 어린 왕세자였던 앨버트 에드워드(Albert Edward·에드워드 7세, 영국의 왕)는 사람에게 호감을 주는 매력적인 성격의 소유자였다. 그가 미래에 자기 백성이 될 영국인들뿐 아니라 캐나다와 미국을 방문했을 때 그곳 사람들에게도 좋은 인상을 남기며 호감을 산 것은 잘 알려진 사실이다.

양친으로부터 좋은 가르침을 받은 사람은 자동적으로 나오는 소소한 행동거지와 예의바른 태도로 금세 알아볼 수 있다. 그들에게 그런 태도는 걷고 말하는 것만큼이나 자연스럽다. 반면 제대로 가르침을 받지 못한 사람은 좋은 품행과 예의를 지닌 것처럼 자연스러워 보이려고 아무리 노력해도 어색해지고 주춤거리게 되어서 불편하거나 창피한 상황에 처할 때가 자주 생긴다. 자신의 말과 행동이 잘못되지 않았는지, 혹은 실수를 하지 않을지 염려하는 마음이 있기 때문이다.

체스터필드 경(Lord Chesterfield·영국의 정치인)은 세상살이에 밝고 사람을 보는 안목이 예리한 사람이었다. 그는 아들에게 시합에 나가는 운동선수처럼 세상에 나아가기 위해서는 단련을 해야 한다고 조언했다. "마음과 태도가 유연해지도록 기름칠을 해야 해. 힘만 가지고는 안 된단다."

스페인에 이런 속담이 있다. '늑대들 틈에 살면 머지않아 늑대

오만하고 불손한 태도를 취하면서
상대적인 우월감을 느끼고 싶어 하는 이들은 모른다.
사람에게 예를 다하는 행위가 내면을 살찌울 뿐 아니라
능력을 돋보이게 하고 성과를 높인다는 사실을.

처럼 울게 된다.' 어떤 사람들과 어울리는지가 몸가짐에서 은연중에 드러난다. 사람은 무의식적으로 주변 사람들을 닮아가기 때문이다. 내가 아는 품행이 바른 사람들은 가족 역시 품행이 바르다. 이는 선조 때부터 가풍으로 이어져온 품행과 태도가 대를 이어 내려오기 때문이다. 좋은 품행을 몸에 익히고자 하는 사람은 먼저 품행이 뛰어난 사람들과 어울려야 한다.

습관이 사람의 본모습을 드러낸다. 다른 사람 앞에서만 예의바른 척하는 사람들이 있다. 조심스러운 사람이나 잘 보이고 싶은 사람들 앞에서만 예의를 차리는 것이다. 그런 사람들은 방심하다가 곤혹스러운 상황에 처하고는 한다. 사람이 지닌 인격에서 비롯되는 행동은 가식적으로 꾸밀 수 없다. 행동은 인격을 투영하는 거울이다. 인격은 행위를 통해 드러난다. 곧은 인격이 그릇된 행위를 만들어내지 않듯, 그릇된 인격이 곧은 행동을 만들어낼 수도 없다.

처음 만나는 사람 앞에서는 행동거지에 신경을 쓰면서 일상적으로 만나는 지인이나 친숙한 사람들에게는 예의를 지키지 않고 얕잡아 봐도 된다고 생각하는 사람들도 있다.

"친밀하다는 것이 아무렇게나 대해도 되는 이유가 될 수는 없다. 하지만 대다수의 사람들이 그렇게 행동한다."

아널드 베넷의 말이다. 예의는 때와 장소, 상대에 따라 달라지는 것이 아니다. 한결같이 상대를 존중하는 것이 예의의 기본이다.

예의바른 태도, 공손한 호칭, 좋은 성품이 지닌 힘에 대해서 아이들이 제대로 배우지 못하는 현실이 애석할 따름이다. 아직 어린 아이들의 삶에서 잡초를 뽑아주고 엉겅퀴 대신 꽃을 살리며 장미가 잘 자라게 하는 것은 부모와 어른의 의무다. 이기적인 마음의 싹이 났을 때 뽑아내는 것이 나무가 되고 나서 뽑는 것보다 훨씬 쉽다. 불쾌감을 주는 무례한 아이를 매력적인 어른으로 키우기 위해서는 엄청난 양의 햇빛과 지지와 인내 그리고 바다처럼 넓은 사랑이 필요하다. 그래도 이것은 얼마든지 가능한 일이다. 만일 모든 어머니들이, 모든 교사들이 이 과제에 임한다면 얼마나 빨리 새로운 세상이 오겠는가! 양육 단계에서 제대로 가르침을 받고 가꾸어진다면, 모나고 삐뚤어지고 뒤틀린 채 흉하게 성장한 어른은 없을 것이다.

"좋은 성품을 기초로 하지 않는 가정교육은 좋은 가정교육이 될 수 없다."

불워(Edward Bulwer-Lytton · 영국의 소설가이자 정치인)의 말이다.

좋은 품행은 마음에 뿌리를 두고 있으며, 타인의 감정을 친절하게 배려하는 데서 나온다. 다정함이 묻어나지 않는 형식적인 공손함은 아무도 높이 사지 않는다. 이기적이고 배려 없는 속내를 얄팍하게 감추는 처신술의 예의는 오래가지 못한다.

자기만 알고 냉정하며 표면적으로만 예의를 갖추는 사람들을 우리는 알아본다. 이런 사람들은 자기에게 왜 친구가 없는지, 왜 자기는 사람들에게 사랑받지 못하는지 알지 못한다. 사실은 너무도 자명하다. 그들에게 사람들이 좋아할 만한 구석이 없는 것이다. 마음이 차가운 이들의 공손한 태도는 타인의 마음에 가 닿지 않는다. 그들의 예의가 처신을 위한 겉치레일 뿐이라는 것을 모든 사람이 느낀다. 마음이 차갑고 심지어 응어리져 있는데 겉으로만 예의바른 척할 때에는 진정한 예의에 담긴 복된 정신이 늘 결여되어 있다.

• 열한 번째 수업 •
심리학에 대하여

심성을 개발하고 인격을 형성하는 일은 사실 대단히 과학적이다

왜 어떤 사람은 성공하고 어떤 사람은 실패하는지 생각해본 적 있는가? 어떤 사람은 약골인 데 반해 어떤 사람은 남보다 우세하고 환히 빛나며 강한 존재감을 가지는 이유가 뭘까? 이유는 의외로 단순하다. 성공하느냐 실패하느냐, 소극적인 성격이냐 적극적인 성격이냐 등의 상태는 사람의 마음이 빚어낸 결과다.

우리 대부분은 왜곡된 사고를 하는 환자들이다. 이에 좋은 치료제가 심리학인데, 이 학문의 원리를 우리는 이제 막 이해하기 시작한 단계에 이르렀다(과학으로서의 심리학이 태동한 것은 1870년대의 일로, 저자가 이 책을 쓰던 1921년까지도 심리학은 낯설고 새로운 학문이었으며, 저자는 다소 심리학에 경도된 입장을 보인다 _ 역자주).

학교를 비롯한 교육 기관들이 심리학에 관심을 갖지 않는 것은 애석한 일이다. 인류에게 이 분야는 그 어떤 과학 분야보다 중요하다. 전 세계 교육 기관들이 이 위대한 학문의 지식을 학생들에게 전할 수 있다면 인간의 삶은 한 세대가 지나기도 전에 몰라보게 달라질 것이다. 또한 심리학의 지식을 조금만 실천하더라도 인류는 거대한 도약을 이룰 수 있을 것이다. 머지않아 수많은 사람들의 삶에서 절망 대신 희망이 자랄 것이고, 소심함 대신 확신이, 낙담 대신 용기가, 무기력 대신 활력과 능률이 자리할 것이다. 새로운 전망과 희망으로 가득한 보다 새롭고 거대한 가능성의 신세계가 도래할 것이다. 인류는 새로운 존재로 거듭날 것이고, 새로운 정신과 변화된 사고로 새로이 태어날 것이다.

당신이 왜 성공하지 못하는지 그 이유를 아는가? 왜 당신이 뜻하는 바가 기대하는 것만큼 잘 풀리지 않는지 아는가? 당신은 충분히 능력이 있는데도 왜 가난하고 불행하며 한계에 부딪히고 뒤처진 채 고생만 하는 것일까? 어쩌면 당신은 심리학에 무지한 것인지도 모른다. 그래서 팔자나 운수, 불행한 운명 혹은 그 밖의 다른 무언가를 붙들고 탓해왔는지도 모른다. 당신이 추구해온 행복과 성공과 번영을 얻지 못하고 지금까지 꿈꾸어온 모든 것들을 실현하지 못한 이유는 따로 있다. 그것은 바로 당신의 생각이 당신이 그토록 열심히 얻고자 했던 것들과 반대되는 것들을 당신의 삶 속에 주입했기 때문이다. 아마도 당신은 당신의 꿈, 열망, 노력과 대립하는 생각들을 머릿속에 담아두고 있는지도 모른다. 의혹, 두려움, 불안, 시기심, 심지어 당신의 이기심까지……. 이 모든 생각은 삶의 목표와 대립하며, 당신의 노력을 방해하고, 수고를 허사로 만들며, 성취를 최소화시킨다.

우리의 삶을 성공으로 이끄는 것도, 실패로 이끄는 것도 우리의 생각이다. 스웨덴보리(Emanuel Swedenborg·스웨덴의 신학자이자 과학자)는 말했다.

"인간의 모든 자유 의지와 생각은 뇌에 새겨져 있다. 따라서 사람은 자기 몸 안에 자신의 삶을 써내려가며, 천사들은 그 사람 안에서 그의 인생 이야기를 발견한다."

사람들은 누구나 자기 삶과 운명의 설계자다. 그리고 사람의 성공과 실패는 대개 마음에 대한 지식을 얼마나 갖추고 있느냐에 좌우된다. 심리학을 이용해 우리의 사고를 지배할 수 있게 되고, 모든 정신 질환의 치료법을 찾을 수 있으며, 우리의 성장을 가로막고 우리의 역량을 최대한 개발하는 데 방해가 되는 모든 장해물을 없앨 유일한 해결책을 찾을 수 있다.

두 가지 상반된 사고가 동시에 머릿속에 존재할 수 없다는 것이 심리학의 근본 원리다. 저급한 사고와 저급한 동물적 성향이 우세할 때 그에 상반된 사고는 약화될 것이고, 그 반대도 마찬가지다. 진리가 오류와 공존할 수 없고 화합이 불화와 공존할 수 없듯이 고차원적인 것은 저급한 것과 공존할 수 없다. 한쪽이 다른 한쪽을 지배한다. 심리학을 조금이라도 아는 사람이면 자신의 사고와 감정에 휘둘리지 않을 수 있다. 물리 화학이 더러운 구정물을 깨끗하게 만들 수 있듯이, 심리학은 기가 꺾일 대로 꺾인 마음을 정화할 수 있다. 올바른 사고라는 해독제가 생각의 오염원을 무력하게 만들 것이며 마음의 건강을 되찾아줄 것이다.

대부분의 사람들이 자기 안의 잘못이나 악과 싸울 때 어떻게 해서든 그것을 쫓아내려고 한다. 하지만 이러한 시도는 창문을 열지 않고서 방에서 어둠을 몰아내려는 것과 같다. 어둠은 빛이 없는 상태에 지나지 않는다. 창문을 열면 빛이 방 안에 흘러들어올 것이고 어둠은 사라질 것이다. 악은 선이 없는 상태다. 어둠이 빛 앞에서 달아나듯 선이 있는 곳에서 악은 달아나게 되어 있다. 악은 선과 동시에 존재할 수 없기 때문이다. 심리학이 파괴적인 생각이나 악습과 악한 욕정이나 그릇된 성향을 없앨 수 있는 것은 그것들과 싸우거나 의지력으로 그 생각들을 약화시켜서가 아니라, 악한 것을 선한 것으로, 더 고차원적인 것으로 대체해주기 때문이다.

채움으로써 비우는 것이 정신적인 적을 없애는 가장 확실한 길이다. 우리는 악한 생각과 악습을 직접 몰아낼 수 없다. 잘못된 생각을 그와 반대되는 진리의 사고로, 화합하지 못하는 사고를 화합하는 사고로, 증오·시기·질투의 사고를 사랑의 사고로, 악의와 악한 생각을 선의로, 실패의 사고를 성공의 사고로, 빈곤의 사고를 부요함의 사고로, 결핍의 사고를 풍요로움의 사고로, 병든 사고를 건강한 사고로 바꾸어야 한다. 그렇게 함으로써 우리는 우리 몸의 세포들에 건강한 청사진을 보낼 수 있다. 혹시라도 신체 세포들이 기가 죽거나 병들면, 우리는 건강한 이상과 건강한 사고와 풍부한 삶의 사고를 붙듦으로써 세포를 자극하고 기운을 북돋아 더 나은 상태로 나아갈 수 있다.

지속적인 걱정과 불안, 질투, 증오, 그 밖의 모든 유해한 정서와 감정들은 혈액 순환의 질을 떨어뜨려 소화 불량을 일으킬 뿐만 아니라, 실제로 뇌세포와 신체 내의 다른 분비 기능에 화학적 변화를 일으켜 온갖 비정상적인 상태를 유발하고 촉진한다. 오랫동안 지속되는 걱정과 만성적인 불안, 끊이지 않는 불길한 예감, 가난에 대한 두려움, 가정문제로 인한 고민, 계속되는 슬픔, 시기, 질투, 증오 등의 감정은 암을 유발할 뿐만 아니라 간, 심장, 신장, 뇌에 질환을 가져오고 그 밖의 많은 질병을 야기한다는 것이 저명한 의사들 사이에서는 이제 확고한 사실로 받아들여지고 있다.

자유분방한 욕망이 사람을 망가뜨리고 늙게 하며 곤경에 빠뜨리고 능률을 무너뜨린다는 것을 우리는 안다. 반면 사랑과 친절과 유쾌함과 평온함 그리고 아름답고 숭고하며 장엄한 것에 대한 사색은 우리의 온 존재에 치유의 숨결을 불어넣는다. 밝은 생각과 기분과 감정이 행복감을 동반한다는 사실을 우리는 경험으로 안다. 이웃을 향한 사랑과 이타적인 애정과 자비와 선의는 신체에 활기를 가져다준다. 이런 감정을 가지고 있을 때 늘 기분이 좋고 스스로 더 강해진 느낌이 들며 희망과 포부가 커지고 더욱 능률적인 사람이 된다. 알다시피 이와 반대되는 감정들은 상반된 효과를 낳는다. 몸과 마음의 조화와 능률을 완전히 망가뜨린다. 부정적이고 비관적인 생각들, 모든 해로운 욕망과 기분은 파괴적이다. 이런 것들은 일으켜 세우기보다는 무너뜨리고 파괴한다. 마음에 불협화음을 일으킨다. 마음에든 몸에든 불협화음을 만드는 것은 건강에 해로울 수밖에 없다. 이처럼 우리를 조화롭지 못하게 만드는 것은 신체와 정신의 적이다. 이 적들은 우리 삶에 파괴적으로 작용한다. 건강을 해칠 뿐만 아니라 성공과 행복도 앗아간다.

심리학의 기본 법칙들에 대한 상식이 있으면 우리에게 해로운 생각과 감정과 불안과 욕망으로부터 우리 자신을 지킬 수 있다. 하지만 기쁨과 건강과 능률과 성공을 촉진하는 생각과 감정들이 무엇인지 알면서도, 이상하게 우리는 우리 자신을 이런 생각과 감정들로 채우려고 하지 않는다. 좋은 생각과 감정으로 우리에게 해로운 감정과 솟구치는 욕망과 기운을 앗아가는 파괴적인 기분을 누그러뜨리려 하지 않는다. 우리에게 유익한 생각을 키우고, 건강하고 조화로운 삶의 이상을 유지하며, 범죄의 유혹을 떨쳐내듯 불화를 야기하는 생각을 떨쳐내야 하건만, 우리는 불화와 불안과 염려와 시기와 증오를 받아들여 우리 안에 독을 쌓는다. 이런 정신적 상태가 만성화되도록 내버려둔다면 결과는 치명적일 수밖에 없다. 이는 어디에서나 볼 수 있는 현상이다. 수많은 사람이 뛰어난 능력을 발휘할 수 있는데도 그저 그렇게 소걸음으로 나아가면서 쪼그라든 삶을 살아간다. 이는 마음 안에 미움과 의심과 온갖 원망과 자잘한 시기와 질투 등 해로운 감정과 정서를 가득 품고 있기 때문이다. 그 감정들이 우리를 노예로 부리며 능률을 떨어뜨릴 대로 떨어뜨린다. 그러한 정신적 적들만 없다면 유능하고 행복하며 성공적인 삶을 사는 뛰어난 존재가 될 수 있으련만, 우리는 별 볼 일 없는 그저 그런 존재로 살아간다.

영국에는 이런 법이 있다. 어떤 집에 재산 압류를 집행할 집행관이 그 집에 들어가지 못하면 집을 매각할 수 없으나, 일단 집 안에 발을 들여놓기만 하면 집 주인이 빚을 갚을 때까지 그 집에 죽치고 있어도 된다는 법이다. 만일 빚을 갚지 않으면 집행관은 그 집을 매각할 수 있다. 나에게 독이 되는 해로운 생각을 마음 안에 들여놓지 않을 수만 있다면 그 생각들은 나를 해치지 못한다. 하지만 일단 한 번 들여놓게 되면 그것들은 내 삶을 엉망으로 만들고 나를 거덜 내고 나의 꿈을 모두 망가뜨리게 된다.

해로운 생각은 당신의 마음 안에 들어갈 기회를 호시탐탐 노리고 있다. 그러한 침입을 막기 위해서는 심리학의 원리를 일상적으로 실천해야 한다. 하고자 한다면, 우리는 그렇게 할 수 있다. 생각해보면 이것은 영광스러운 일이다. 우리는 우리의 생각을 통제할 수 있고, 우리의 정신세계를 완전히 지배할 수 있으며, 모든 신체적·정신적·영적 행복을 방해하는 것들로부터 영원히 자유로울 수 있다. 겉으로 봤을 때 힘들어 보이는 문제들이 다 그러하듯이 이 문제도 우리가 이해하기만 하면 사실은 아주 간단한 문제로 귀결된다.

초대 기독교회의 사도 바오로 성인이 한 권고에 이러한 심리학적 철학이 고스란히 담겨 있다. '참된 것과 고귀한 것과 의로운 것과 정결한 것과 사랑스러운 것과 영예로운 것은 무엇이든지, 또 덕이 되는 것과 칭송받는 것은 무엇이든지 다 마음에 간직하십시오.' 즉 우리가 어떤 생각에 우리 마음을 허락하느냐의 문제인 것이다.

우리가 어떤 생각을 마음에 품든 생각은 무언가 분명한 것을 대변한다. 우리는 어떤 생각을 품고 있는 동안 그 생각과 유사한 것을 끌어당긴다. 생각이 대변하는 것은 우리의 뇌와 인성 안에서 점점 발달하고 신체와 표정에서도 드러난다. 어떤 일의 효과와 질은 그 일에 대한 생각에서 비롯된다. 서로 반대되는 두 가지 생각이 동시에 마음을 점유할 수 없으므로, 당신을 짐승 수준으로 끌어내릴 생각을 할지, 아니면 거룩한 본성의 영역, 즉 당신 안의 신성한 경지로 높여줄 생각을 할지는 당신의 의지에 달려 있다.

예를 들어 당신은 평화, 화합, 친절, 품위, 선의와 같은 사랑과 연관된 모든 것들에 생각을 집중할 수 있으며, 그렇게 할 때 당신에게서 선한 기운이 퍼져 나온다. 당신이 어디를 가든 사람들은 당신에게서 기분을 북돋는 이로운 기운을 받을 것이다. 반대로 분노와 증오, 시기, 복수, 이기적인 것에 대한 생각에 집중할 수도 있을 것이다. 이런 생각들은 사랑이 지닌 신성한 치유의 힘과 이로운 기운을 몰아내고, 당신을 저급한 본성의 차원으로 끌어내릴 것이다. 그 밖의 다른 모든 감정과 정서에도 같은 원리가 적용된다.

화를 내는 사람을 보면 저급한 생각과 감정의 파괴적인 효과를 분명하게 목격할 수 있다. 조금 전만 해도 차분하고 다정했던 얼굴이 짐승의 얼굴로 변한다. 분노의 고삐가 풀린 동물적인 측면은 매서운 눈을 하고 아름다운 표정을 사납고 잔인한 인상으로 덮어버린다. 표정만이 아니다. 사람 자체가 한순간에 변한다. 신성한 것과 정반대인 동물적 본성이 그 사람 안에 잠자고 있다가 일깨워지면, 표정과 몸짓 하나하나를 통해 그 야만적인 힘이 드러난다.

성격이 급하고 쉽게 화를 내는 사람은 심리학적 지식을 매일 실천함으로써 성장을 방해하는 이 끔찍한 장해물을 없앨 수 있다. 정신을 새롭게 하고 생각을 바꾸며, 서로 반대되는 개념인 증오와 분노 그리고 사랑과 선의에 대해 숙고함으로써 가능하다.

계산을 담당하는 뇌의 영역을 훈련함으로써 수학 능력을 개발할 수 있다는 사실을 우리는 잘 알고 있다. 마흔 가지가 넘는 사고 기능도 마찬가지다. 각각의 사고 기능은 우리가 그것에 집중하고 훈련하는 정도에 따라 개발된다. 신체의 특정 부위에 생각을 집중할 때 그 부위의 혈액 순환이 빨라진다는 것은 이미 알려진 사실이다. 이처럼 어떤 것을 생각하면, 그 생각을 관장하는 뇌세포와 뇌 부위에 혈액 공급이 늘어나면서 더 많은 영양을 공급하게 된다. 그러므로 사랑, 진리, 화합, 선의 등의 건설적인 자질뿐만 아니라 증오, 거짓, 불화, 악의 등의 파괴적인 자질을 우리는 원하는 만큼 최대한 개발할 수 있다. 만일 우리가 저급한 생각, 욕망, 감정에 계속 머물고 기분을 저하시키는 것들을 갈망하며 동물적 성향이 우리를 지배하도록 내버려둔다면, 우리 안의 동물적 본성을 키우게 되고 우리의 저급한 본성을 관장하는 뇌의 영역을 강화하게 된다. 그 부위의 뇌세포들에 집중하고 훈련함으로써 그곳에 더 많은 영양이 공급되기 때문이다.

이와 반대로 저급한 생각이나 동물적 본능, 비도덕적인 동기를 일으키는 이기적이고 탐욕적인 뇌의 영역에 영양 공급을 차단하고 이 부위를 훈련하지 않는다면, 이 뇌세포들은 점차 위축되고 결국에는 기능을 멈추게 될 것이다. 그와 동시에 보다 고차원적인 뇌의 영역, 즉 영적인 본성과 힘이 더 많은 영양을 공급받고 훈련이 거듭되면서 자연적으로 발전할 것이다. 다시 말해서, 악한 생각과 선한 생각, 건설적인 생각과 파괴적인 생각, 긍정적인 생각과 부정적인 생각, 이런 상반된 사고들이 동시에 마음 안에 있을 수

이로운 것과 해로운 것이 공존할 수 없다는 것이
심리학의 기본 원리다.
좋은 것을 취하면 악한 것은 약화된다.
남은 문제는 내가 무엇을 선택하느냐 하는 것이다.

없다는 과학 원리를 따른다면 우리가 바라는 대로 특정 사고 기능을 더 키울 수 있고 없앨 수도 있는 것이다. 하나가 다른 하나를 밀어낸다. 당신의 마음 안에 어느 것을 살리고 어느 것을 죽일지는 당신의 선택에 달려 있다.

인간은 완벽을 추구하도록 창조되었다. 삶의 고차원적인 기쁨을 일단 맛보고 나면 저급한 즐거움과 욕망, 동물적인 쾌락에서 더 이상 만족을 얻지 못하고 그에 대한 흥미도 잃게 된다. 이후로는 보다 높은 차원의 기쁨과 보다 명예로운 경험을 원하게 된다. 그러한 경험은 우리가 고차원적인 기쁨에 대해 생각하고 깊이 숙고하며 일상에서 실현하고자 꾸준히 추구하는 정도에 비례해서 우리의 것이 될 수 있다.

심성을 개발하고 인격을 형성하며 성공과 행복을 성취하는 전 과정은 지극히 과학적이다. 우리가 할 일은 자기 것으로 만들고 싶은 생각과 정서, 소질들을 매일 마음에 떠올리는 것이다. 다시 말해서 앞서 밝힌 바오로 성인의 권고를 따르는 것이다.

'참된 것과 고귀한 것과 의로운 것과 정결한 것과 사랑스러운 것과 영예로운 것은 무엇이든지, 또 덕이 되는 것과 칭송받는 것은 무엇이든지 다 마음에 간직하십시오.'

이 정신을 매일, 하루에 여러 번 실천하라. 일정한 시간 동안 본인이 개발하고 싶은 자질에 대해 묵상해보라. 가능하면 아침 시간이 좋다. 바른 사고를 하는 습관을 비교적 짧은 시간 내에 갖게 될 것이다. 마음으로 집중하는 것이 몸과 성격과 환경을 통해 드러나기 시작할 것이다.

한 가지 주의할 점이 있다. 심리학이 낯선 사람들은 이 새로운 삶의 철학을 공부하기 시작할 때 심리학을 마치 기적을 낳는 학문인 양 여기기 쉽다. 그릇된 생각들로 인한 결과들을 즉시 없애줄 것이라고 믿는 것이다. 이런 사람들은 하루에 고작 2~3분 정도 묵상하고 겨우 며칠 심리학의 내용을 수련해보고는 정신과 육체의 모든 해로운 상태가 사라지기를 기대한다. 25년 또는 50년 동안이나 부정적이고 파괴적인 사고에 의해 형성된 상태가 그 정도의 노력으로 개선될 것이라는 생각은 착각이다. 그들은 오랜 시간 동안 온갖 해로운 욕망과 정서에 빠져 있었다. 질투, 악의, 시기, 복수심에 젖어 있었고, 원한을 품고 살았으며, 병들고 약한 몸을 마음속으로 그렸고, 조급함과 우울함과 같은 파괴적인 생각과 감정에 빠져들곤 했다. 그러면서 그 오랜 세월 동안 축적해온 끔찍한 상태가 단숨에 깡그리 사라지기를 기대한다. 그러다가 섣부른 기대에 미치지 못하면 다시금 우울한 정서의 터널에 더 깊이 빠져든다. 심리 치료사에게 며칠 치료를 받고는 상태가 호전되지 않았다면서 그들을 비난하는 사람들이 있다. 사실 그들은 치료를 받는 동안에도 악하고 부정적인 생각을 계속 하며 치료 효과를 떨어뜨렸을 것이다.

오늘날 세상에 이토록 고통과 불행에 시달리는 사람이 많은 것은 대체로 인간의 거대한 정신력과 상황을 조절할 수 있는 능력에 대해 무지하기 때문이다. 이제 우리는 이 사실을 깨닫기 시작했기에 언젠가는 학교에서 심리학이 물리 화학이나 다른 어떤 과목보다 훨씬 중요하게 받아들여질 날이 올 것이다. 우리의 운명은 내면에 대한 지식에 달려 있기 때문이다.

아이들이 심리학을 배운다면 어릴 때부터 마음에 이로운 것과 해로운 것을 분간하고 구분할 수 있게 될 것이다. 어떤 감정과 욕망과 마음의 태도가 우울함과 다툼을 가져오는지, 어떤 태도가 힘과 생기를 북돋고 마음을 치유해주는지를 알게 될 것이다. 마음을 우울하게 하는 생각과 감정이 육신의 병을 부른다는 사실도 알게 될 것이다. 마음이 우울해지면 병에 저항하는 몸의 면역력이 떨어지고 건강을 위협하는 적들을 불러들이기 때문이다. 그래서 아이들은 마음의 기운을 북돋는 생각과 감정이 면역력을 키워주고 건강에 해로운 요소들을 약화시키고 무너뜨린다는 사실을 알게 될 것이다. 신뢰, 희망, 활기, 친절, 사랑이 몸과 마음의 기운을 북돋아주고 영양 상태와 체력을 증진시켜주며, 바로 이것들이 우울한 마음을 치유하는 천연 해독제라는 사실도 알게 될 것이다.

마취제의 효능이 세상을 놀라게 했지만(마취제가 의료계에 널리 쓰이기 시작한 것은 1850년대의 일이다 _ 역자주), 심리학은 그보다 무한히 큰 효능을 입증하게 될 것이다. 심리학이 인류가 지닌 고통, 특히 정신적 고통의 큰 부분을 해소해줄 것이기 때문이다. 육체의 고통은 정신적 고통에 비하면 무겁지 않다.

앞으로 25년 후에는 수많은 사람이 사실상 고통이나 병을 겪지 않고 육체적 스트레스와 정신적 고통에 시달리지 않으며 사는 법을 알게 될 것이다. 현재 인류를 힘들게 하는 각종 독을 약화시킬 심리학적 지식을 갖게 될 것이기 때문이다. 두려움의 독, 걱정의 독, 불안의 독, 질투의 독, 증오와 시기, 분노, 복수심, 악의, 이기심, 그 밖의 모든 파괴적인 감정의 독이 치유될 것이다. 심리학을 아우르는 보다 크고 새로운 삶의 철학이 점차 온 인류를 여과시켜주고 새로운 차원으로 이끌어줄 것이다.

우리는 우리 자신에게 내재해 있는 신성(神性)을 이제 막 발견하기 시작했다. 인간이란 신이 되어가는 과정에 있는 존재이며 우주의 창조적 힘을 이루는 파괴될 수 없는 세계의 일부다. 인간은 신과 공동 창조자이며, 신과 협력하는 존재로서 신의 모든 속성을 띠고 있다. 인간은 몸의 세포 속에서도 힘이 작용하고 있음을 깨달았고, 자기 안에 근육의 힘보다 무한히 크고 위대한 힘, 즉 신성이 존재한다는 사실을 깨달아가고 있다. 인간이 전지전능한 존재와 일치를 이룰 때 깨닫게 되는 이 위대한 힘에 비하면 인간이 지닌 의지력은 미약하다. 우리는 삶의 길을 걸어가는 동안 언젠가는 자기 존재에 대해 온전한 진리를 깨닫게 될 것임을 알고 있다. 이 진리는 인간들을 모든 한계와 모든 적들로부터 자유롭게 해줄 것이다.

• 열두 번째 수업 •
습관과 성공은 어떻게 연결되어 있는가?

우리의 삶은
수만 가지의 습관으로 이루어져 있다

프랜시스 베이컨(Francis Bacon · 영국의 정치인이자 철학자)은 말했다.
"현명하게 잘 길들인 습관은 제2의 천성이다."

한편 웰링턴 공작(Duke of Wellington / Arthur Wellesley · 영국의 군인이자 정치인)은 이렇게 덧붙였다.
"습관이 제2의 천성이라고? 습관은 천성의 열 배다!"

건강한 성격을 형성하는 비결의 상당 부분이 우리가 습관이라고 부르는 것에 숨어 있다. 세상의 기적이 습관에서 시작된다. 우리네 삶의 결과물들은 대부분 우리가 형성한 습관에서 비롯된다. 힘과 능률이 개인마다 천차만별인 것은 대체로 어릴 때 익힌 습관의 차이 때문이다. 어릴 때나 청년 시기에 이상과 목표가 낮은 사람들과 어울리고, 꿈을 파괴하는 책이나 매체에 탐닉한 습관 때문에 인생을 망친 사람들이 헤아릴 수 없이 많을 것이다.

자신은 다른 사람들처럼 운이 좋지 않아서 성공하지 못했다고 한탄하는 사람들은 사실 어떤 습관의 족쇄에 갇힌 탓에 자기가 원하는 방향으로 나아가지 못한 경우가 많다. 운명이라고 하는 것은 자기 스스로 엮는 거미줄 같은 것이다. 습관적인 사고와 행동이 운명이라는 거미줄을 엮어간다. 작은 습관 하나하나를 어떻게 형성하느냐에 따라 인생을 걸작으로 만들 수도 있고 졸작으로 만들 수도 있다. 습관은 운명에 엄청난 영향력을 미치고 우리의 온 삶이 습관에 달려 있다고 해도 과언이 아니다. 습관은 일정 기간 동안 실천되고 나면 자동적으로 움직이고 자체적인 위력을 지니게 된다. 우리는 우리가 지닌 습관의 산물이다.

참으로 삶은 습관의 연속이다. 우리가 백 년을 넘게 산다 해도 습관의 도움을 받지 않는다면 인생에서 이룰 수 있는 것이 얼마나 되겠는지 생각해보라. 습관이라는 것이 있기 때문에 우리의 수많은 행위들이 자동적으로 나오는 것이다. 우리가 어디를 갈 때 한 발을 내딛고 난 뒤에 그다음 다른 한 발을 옮기는 것을 애써 기억하지는 않는다. 차를 운전하든 대화를 하든 피아노를 치든 무슨 일을 하든, 거기에 사용되는 근육들의 각 움직임을 일일이 생각해야 할 필요가 없다. 이것들은 모두 습관이다. 연습을 거듭하다가 어느덧 자연스럽게 되는 것이다. 무엇이든지 철저히 익히고 나면 자동적으로 하게 된다.

창의적이고 긍정적인 성격은 창의적인 사고와 긍정적인 행동을 지속적으로 반복함으로써 습관으로 자리 잡는다. 사람의 성격은 생각의 습관에 따라 강한 성격이 되기도 하고 취약한 성격이 되기도 한다. 자신감과 확신이 있고 단호한 마음가짐을 유지하는 사람은 강하고 창의적인 사람이 된다. 반면 의심하고 주저하며 자기를 낮추고 비하하는 사람은 부정적이고 무능해질 수밖에 없다. 생각의 습관을 통해 뇌를 어느 방향으로 사용하느냐의 문제다.

습관은 우리가 태어날 때부터 주어지는, 우리 생을 끝까지 함께할 조용한 동반자다. 이 동반자는 우리가 무엇을 하고자 하든 그 일을 돕는다. 습관은 속성에 따라 우리가 앞으로 나아가도록 도와주기도 하고, 우리를 넘어뜨리고 방해하기도 한다.

누구나 행동이 그 사람의 일부가 된다. 성격도 그렇게 형성된다. 구질구질하고 칠칠치 않은 습관은 곧 구질구질하고 칠칠치 않은 성격을 만든다. 좋은 성격, 훌륭한 인품을 얻는 최고의 길은 삶을 좋은 습관으로 채우는 것이다.

아침에 같은 시간에 일어나는 습관, 약속 시간을 잘 지키는 습관, 타인에게 항상 예의바르고 친절하며 협조하는 습관, 꼼꼼하고 체계적인 습관, 명확하게 말하는 습관, 일단 시작한 일은 끝마치는 습관, 양심적으로 행동하고 게으름 피우지 않는 습관은 평생의 축복이다. 이런 습관들은 섬세한 신경과 뇌에 길을 닦아 사람의 정신 안에 단단히 자리 잡게 된다.

늘 최선을 다하는 습관은 성품 안에 녹아들어서 그 사람의 태도와 침착함에 영향을 준다. 일을 끝까지 마무리하는 사람에게는 평온함이 있다. 쉽게 중심을 잃지 않는다. 그런 사람에게는 두려울 것이 없으며, 세상 앞에서 당당하다. 그 어떤 일에서도 부정한 적이 없고 속임수와 거리가 멀며 거리낄 것이 없다는 의식을 갖고 있기 때문이다. 자기가 하는 일을 훤히 잘 알고 능률적으로 해낼 수 있다는 자신감, 어떤 돌발 상황에도 대처할 수 있다는 확신, 맡은 일을 잘 해낼 수 있다는 자기 신뢰는 사람의 내면에 진정한 만족감을 가져다준다. 열성 없이 대충대충 일하는 사람은 결코 맛볼 수 없는 만족감이다.

어떤 일을 맡았을 때 내면이 약동하는 것을 느낄 때가 있을 것이다. 그것은 그 일을 해낼 수 있는 힘인 동시에 그 일이 잘 이루어질 것이라는 예감이기도 하다. 내가 가진 모든 능력이 그 일에

"예."라고 응답하고 전폭적인 지지를 보내는 것, 이것이 행복이고 성공이다. 이렇게 자신감에 차 있으면 가진 능력을 십분 발휘할 수 있는 추진력을 갖게 된다. 삶을 추동하는 기운은 정신과 육체에 많은 능력을 열어주고, 이렇게 확장되는 정신력과 넓어지는 지평을 의식할 때 말로 표현할 수 없는 만족감이 더해진다. 이는 곧 인간 정신의 고귀함과 신성을 실현하는 것이다.

한 심리학 교수는 스스로의 열등함을 받아들이는 습관이 인간의 삶에 있어서 가장 비극적인 일이라고 개탄했다. 열등감이라는 치명적인 습성이 일단 뿌리내리고 나면 그로부터 헤어나기란 거의 불가능하다. 많은 사람이 타인으로부터 받은 열등감을 습관적으로 받아들이는 바람에 자기를 비하하는 삶으로 전락한다.

부정적인 말과 마음가짐을 통해 자신에게 열등감의 낙인을 찍지 않는지 스스로 살펴보라. "이건 할 수 없어." "그건 못해."라고 말하는 습관이 있다면, 여건이 불리하고 운이 없어서 다른 사람들만큼 일이 잘 안 풀린다고 늘 불평한다면, 스스로에게 열등감의 낙인을 찍고 있는 것이다. 그런 낙인은 다른 사람들 눈에도 잘 읽힌다.

자신을 존중하지 않는 생각을 품고 말을 할 때, 이를테면 나는 별 볼 일 없는 사람이며 아무것도 이루지 못할 것이라는 등의 생각을 할 때마다 스스로 그 생각을 현실로 만드는 데 일조하는 것이다. 당신의 세계는 당신이 하는 습관적 사고에 의해 한계가 설정된다. 이런 식으로 당신이 만든 한계를 넘어서서 당신 자신을 나타낼 수는 없다. 습관은 처음 만들어진 것과 반대되는 순서로 버리거나 바꿀 수 있으며, 습관이 바뀌는 시간은 그것이 만들어진 시간에 비해 훨씬 더디다.

좋은 습관을 들이는 데 성공하려면 그 습관을 들이는 것이 자발적이고 기쁜 일이어야 한다. 예를 들어 싫어하는 상사의 강요로 억지로 성격을 바꾸는 것보다 사랑하는 사람을 위해 달라지려고 노력할 때 성공할 확률이 훨씬 높다.

승리하는 습관, 즉 자기 자신을 좋게 생각하고 무슨 일이든 잘 해낼 것이라고 생각하는 습관은 훌륭한 인격을 만드는 중요한 요소이며 큰 활력소이자 든든한 바탕이 된다. 늘 승리하는 사람은 태도부터 다르다. 걷는 것도, 말하는 것도, 행동하는 것도 남다르다. 그런 사람은 변명하거나 회피하거나 슬며시 뒤꽁무니를 빼는 법이 없다. 망설이거나 갈팡질팡하거나 나약한 모습을 보이지 않는다. 이기는 습관을 들인 사람은 상대방의 시선을 피하지 않으며 타협하지 않고 쓸데없는 변명을 하지도 않는다. 빙 둘러서 가지 않고 바로 본론으로 들어간다. 단도직입적이며 솔직하고 대범하다. 얼버무리고 회피하지 않으며, 자기의 생각이나 행동을 덮거나 감추지 않는다. 그렇게 할 필요도 없거니와 감출 비밀도 없다. 모든 것이 투명하고 정당하다.

이와 같은 승리의 습관은 여러 가지 작은 습관들로 이루어지는데, 그중에서도 겁내지 않고 지체 없이 일을 처리하는 습관, 까다로운 문제가 생기면 즉시 그 문제를 다루는 습관이 중요하다. 이런 습관은 주도적인 삶을 살도록 도와준다.

우리가 가질 수 있는 아주 좋은 습관 중 하나가 시간을 잘 지키는 것이다. 해야 할 일을 미루지 않고 즉시 하는 것인데, 이 습관은 참으로 많은 것에 영향을 미친다. 약속 시간을 잘 지킨다는 평판이 있으면 신뢰를 얻게 되고, 시간 약속뿐 아니라 다른 면에서도 믿을 만한 사람으로 인식된다. 넬슨(Horatio Nelson · 영국의 제독)은 이렇게 말했다. "내 삶의 모든 성공은 내가 항상 15분 일찍 시간을 지킨 덕분에 얻은 것이다." 시간을 잘 지키는 습관이 성공에 어떻게 기여하는지 깨닫는 사람이 많지 않다. 이 습관은 결정을 내릴 때도 큰 도움을 준다. 항상 꾸물거리고 미루는 사람들은 결단력이 부족하며 이는 성공이 이루어지려는 중요한 순간에 치명적으로 작용한다.

'지금 당장 시작하라.' 이 말은 모든 젊은이가 삶의 좌우명으로

좋은 습관을 반복하면 우리를 이롭게 하는 생각과 행위가
근육과 뇌에 새겨져 필요한 순간에 적절하게 발휘된다.
한 사람의 생애는 수많은 습관이 만든 결과물이다.

삼아 마땅하다. 시간을 지키고 아끼는 습관 자체가 뛰어난 스승이다. 체계와 질서의 가치를 늘 되새겨주기 때문이다. 어릴 때부터 아침 식사 시간을, 등교 시간을, 교회의 예배 시간을 잘 지켰던 습관이 신뢰를 주는 어른으로 자라게 만든다. 비즈니스에서 시간을 지키는 습관은 다른 무엇보다도 중요하다. 그러한 습관이 성공을 만드는 다른 요인들과 늘 함께 가기 때문이다. 대충 되는 대로 일하는 사람들 치고 시간을 잘 지키는 경우는 드물다. 시간 엄수는 체계, 질서, 시간의 가치에 대한 인식, 끈기, 정확성, 철저함을 동반하며, 이 모두는 하나로 연결되어 있다.

긍정적인 사람은 보통 시간을 잘 지키지만 부정적인 사람은 약속이나 시간을 지키는 데 있어 해이하다. 부정적인 성격을 가진 사람은 주도성이 심각하리만치 약하다. 시간을 잘 지키는 사람은 대체로 단호하며, 자기가 무엇을 원하는지 잘 안다. 따라서 시간 엄수는 주도성과 정확성을 강화해주기 때문에 능률과 성공을 이루는 가장 기본적인 자질이다.

일상적으로 하는 행동들뿐만 아니라 일상적이지 않은 행위들도 모두 우리의 성격과 사고를 특정한 상태로 만들어간다는 사실을 우리는 잘 인식하지 못한다. 하지만 이것은 분명한 사실이다. 습관은 우리가 잠들어 있는 동안에도 계속 만들어지고 있다.

· 열세 번째 수업 ·
'나'를 발견하는 여정의 표지판들

당신이 더 나은 사람이 될 것이라는 삶의 신호들을 무시하지 말라

다트머스 대학교의 총장은 졸업식에서 이렇게 조언했다.

"무엇보다도 먼저 자기 자신을 찾으십시오. 둘째, 제대로 찾으십시오."

젊은 나이에 나의 참된 자아를 찾는다는 것은 대단한 일이다. 이 목표를 향한 가장 좋은 첫걸음이 교육이다. 가능한 한 폭넓은 교육을 받아야 한다. 과학은 망원렌즈의 크기와 능률을 계속 확장시키고 있고, 성능이 향상된 망원경이 나올 때마다 우주의 새로운 비밀들이 새로이 밝혀지며, 인류는 전에는 확인할 수 없었던 경이로움에 새롭게 눈을 뜨고 있다. 우리 안의 큰 자아를 교육의 렌즈를 통해 들여다보면 그 속에 잠재해 있는 경이로운 힘과 가능성들을 발견하게 된다. 양육과 교육의 렌즈를 더 넓고 세심하게 조정할수록 더 큰 잠재력이 드러난다.

당신이 가진 가능성들, 이를테면 꿈틀대는 포부와 더 높은 이상, 더 나은 사람이 되고 가치 있는 삶을 살고자 하는 지속적인 욕구, 최선을 다하고 자신의 재능을 최대한 발현하고자 하는 욕구를 발견하는 것은 교육이 성실히 노력하는 학생에게 가져다주는 큰 선물이다. 이 선물들을 얻기 위해 후회 없이 노력해야 마땅하다. 대학에 갈 형편이 못 된다면 자투리 시간을 활용해서 독학하면 된다. 수많은 젊은이들이 그렇게 해왔다. 교육이란 학교에서 익히는 지식에 국한되지 않는다. 정보와 지식을 내 것으로 소화하고 그것을 바탕으로 세상과 사람을 바라보는 관점을 넓히는 것이 곧 교육이다.

물론 교육은 자아 발견을 향한 여러 길 중에 하나일 뿐이다. 하잘것없는 존재가 아닌 거대한 거목이 되고자 한다면 여러 방면으로 자기를 향상시켜야 한다. 사람과 사물을 유심히 관찰하며 안목을 키우고, 끊임없는 공부와 독서와 사색을 통해 정신적·영적 지평을 넓히며, 자기 일의 질을 높이기 위해 줄곧 노력함으로써 능력을 키워야 한다.

감동과 희망을 주는 책만큼 자아 발견을 위한 훌륭한 도구도 없을 것이다. 내가 존경하는 한 목사는 러스킨(John Ruskin·영국의 예술비평가)의 책을 읽은 뒤 이전과는 다른 사람이 되었다고 말했다. 에머슨의 글은 나를 포함한 수많은 독자들에게 내면에 내재한 가능성을 보게 해주었다. 이는 에머슨의 글을 읽기 전에는 인식하지 못했던 것들이다. 성경, 셰익스피어의 작품들, 발명가·작가·과학자를 포함한 위인들의 생애를 읽고 고귀한 인물들과 관계를 맺을 때 자아 발견의 여정은 거듭 도움을 얻는다. 뛰어난 사람들과 직접 관계를 맺을 수 없다 해도 그들의 삶을 기록한 글을 통해 언제든 그들을 만날 수 있다. 그런 책들을 가까이 두는 것은 매우 좋은 일이다. 알맞은 정신적 양식을 지속적으로 공급받지 않으면 우리의 이상은 희미해지고 의욕은 수그러들기 마련이다.

성공한 사람들 중에는 중년이 다 되어서 또는 그보다 늦게 자신의 잠재력을 발견한 사람들이 많다. 어떤 책을 읽고 감동을 받거나 영혼을 울리는 설교나 강연을 듣고서 불현듯 자기를 찾고 싶은 열망이 타올랐을 수 있다. 또는 높은 이상을 지닌 누군가를 만났는데 그 사람이 자기를 알아주고 믿어주며 오랫동안 소심함 속에 갇혀 있던 참된 자아를 끌어내도록 격려해준 것이 계기가 되었을 수도 있다.

당신에게 용기와 희망을 주는 것, 다시금 노력하도록 자극하고 야망을 불러일으키는 것, 세상에서 무언가를 이루어보겠으며 중요한 사람이 되겠다는 각오를 다지게 하는 것, 목표를 향해 나아가도록 격려하고 힘이 되어주는 것, 이 모든 것들은 자아 발견을 위한 훌륭한 길잡이가 된다. 이들의 도움을 받기 위해서 당신은 능력껏 이러한 것들을 찾아야 한다. 기회가 닿는 대로 위대한 인물들에 관한 강연을 들어라. 정복자, 위대한 승리자, 고난을 딛고 성공한 사람의 초상화를 벽에 걸어두는 것도 좋다. 그리고 그 옆에 마음에 새기고 싶은 좌우명을 붙여놓으라. 직장에서도 마찬가지다. 로마인들이 어린 아이들에게 영웅적인 면모와 덕목을 고취시키기 위해 방에 위대한 영웅들의 조각상을 두었던 것처럼, 자주 눈길이 가는 곳에 당신에게 감명을 주는 인물의 초상화와 좌우명을 붙여놓는 것이 큰 도움이 될 것이다.

자아 발견의 여정에서 또 하나의 중요한 요소가 환경이다. 가능한 한 의욕을 불러일으키는 분위기 속에 몸담아야 한다. 우리 안의 힘을 개발하려는 욕구를 약화시키는 환경은 피해야 한다. 원칙에 어긋나지 않는다면, 우리의 잠재력을 최대한 사용할 수 있는 자유를 한껏 누려야 한다. 희망과 용기를 앗아가고 능력을 발휘하는 것을 방해하는 환경에 머물러서는 안 된다. 가까이 있는 기회들이 비록 하찮아 보일지언정 그 기회들을 이용하면 결국에는 그 어떤 어려운 환경에서도 벗어날 수 있다. 당신 안에서 들려오는 소명의 부름에 응답하고 싶은 마음이 간절하다면, 당신 안의 감정과 장점을 표현하고 싶다면, 세상 그 무엇도 당신을 막을 수 없다. 모든 장해를 이겨낼 수 있는 힘이 당신 안에 있기 때문이다. 환경이나 상황이 불리해서 낙담과 좌절을 안겨줄지라도 자기를 찾기로 결심하고 내 안에 부여된 힘을 최대한 활용하겠다고 마음먹은 사람에게는 극복하지 못할 일이 없다.

펜실베이니아 로레토에서 역마차 마부로, 또 가게 점원으로 일했던 청년 슈워브(Charles Schwab·미국의 철강업자)는 자신이 처한 환경을 바꾸기 위해 외부의 도움을 구하지 않았다. 그는 야망을 키우며 자신의 처지를 바꿀 기회를 엿보았다. 슈워브는 카네기 철강회사에 들어가 하루 1달러를 받으며 말뚝 박는 일을 하는 날품팔이 노동자로 일했고, 저녁이나 휴일에 더 나은 일을 할 자격을 얻기 위해 공부를 했다. 그는 의욕이 충만했으며, 스스로에게 이렇게 말하고는 했다.

"나는 언젠가 이 분야 기업의 사장이 될 거야. 나를 고용한 고용주에게 더 높은 자리에 올라가겠다는 열망을 보여줄 거야. 내가 받는 임금보다 더 많은 일을 하고 나에게 기대하는 것보다 더 열심히 일을 하겠어. 내 안에는 열심히 노력하기만 하면 크게 성공할 거라고 말하는 목소리가 있어. 난 꼭 그렇게 될 거야! 나는 할 수 있는 한 가장 큰 사람이 될 거야!"

물론 이 청년은 승진을 했고, 한 계단 한 계단 오를 때마다 자신에게서 새로운 능력을 발견했다. 미처 알지 못했던 자신의 힘을 발견할 때마다 그는 스스로에게 놀랐다. 오래지 않아 그는 카네기 철강회사의 최고 엔지니어가 되었다. 스물다섯의 나이에는 홈스테드 공장(Homestead Works)의 감독관이 되었고, 서른에는 카네기 철강회사와 홈스테드 공장 양쪽의 감독관이 되었으며, 서른아홉 살에 미국 철강회사(현재의 US스틸)의 사장이 되었다. 이후 그는 베들레헴 철강회사의 사장, 미국 비상선박공사(Emergency Fleet Corporation)의 총수로 뽑혀 세계 철강업계와 조선업계의 일인자가 되었다. 오늘날 그는 자기 분야의 최고봉에 올라 있다. 불워는 말했다.

"동료들보다 뛰어나게 성공하는 사람은 이른 나이에 자기 목표를 분명히 알고 그 목표를 향해 지속적으로 힘쓴 사람이다. 그러므로 실로 천재성이라는 것도 무엇이든 잘 관찰하고, 관찰해서 알아낸 것들을 굳은 목표의식을 갖고 키워나간 것에 지나지 않는다. 주변을 잘 살피면서 자신에게 이로운 것을 발견하며 항구한 결심으로 나아가다 보면 누구나 천재가 될 수 있다."

자신의 잠재력을 개발하는 것, 특히 자기가 가진 특별한 재능을 발굴하는 것은 생애 초기에 시작해야 한다. 그러지 않으면 최고의 능력을 발휘할 가능성이 실질적으로 줄어든다. 신께서 나를 지으신 뜻을 확실히 알 수 있을 정도로 내 안에 느껴지는 소명감이 뚜렷하지 않거나 특별히 어떤 재능이 보이지 않는다면, 자기의 소질을 발견하기 위해 자신을 더욱 면밀히 들여다보아야 한다.

바다에 떠다니는 해초 몇 가닥과 표류하는 나뭇조각을 본 것이 대탐험에 나선 콜럼버스에게 마침내 육지에 다다랐음을 알려준 첫 신호였다. 그것으로 그는 새로운 희망과 용기를 얻었고, 선원들의 반란을 막을 수 있었다. 선상 반란이 일어났으면 신대륙 발견은 물 건너갔을 것이다. 이 위대한 탐험가는 육지가 신호를 보낸 방향인 서쪽을 향해 나아갔고, 마침내 새로운 대륙을 이 세상에 보여주었다.

만일 당신이 자아 발견의 여정을 성실히 수행해나간다면 특정한 방향에서 남다른 능력을 감지하게 될 것이다. 그 방향을 따라가다 보면 당신이 가진 특기, 즉 그동안 당신 안에 있었지만 발견되지 않았던 잠재력의 신대륙에 이르게 될 것이다.

어쩌면 당신이 뛰어나게 잘한 어떤 일에 대해서 이미 다른 사람들이 당신에게 이야기한 적이 있을지도 모른다. 혹은 예기치 못한 급박한 상황이나 위기 때 당신 자신도 미처 몰랐던 놀라운 능력을 발휘해서 아주 잘해내는 바람에 스스로 놀란 적이 있을지도 모른다. 어쩌면 당신은 아주 평범한 삶을 살고 있고 당신을 아는 사람들도 당신을 무척 평범한 사람으로 여기고 있으며 당신 자신도 스스로에 대한 자존감이 그리 크지 않지만, 학교에서나 직장에서 발휘하지 못한 큰 능력을 가지고 있다는 느낌을 가진 순간이 있었을 수도 있다. 또는 지금까지 당신이 해온 것보다 훨씬 큰 무언가가 당신에게 있다는 직관을 늘 가지고 있을 수도 있다. 지금 하고 있는 일과는 관련이 없지만, 다른 무언가가 될 수 있다거나 다른 일에서 뛰어날 수 있을 것이라는 본능적 확신을 갖는 경우들이다.

지금 몸담고 있는 분야에서 어떤 신호를 발견할 수도 있다. 그 신호들은 당신이 특정한 영역에서 더 큰 잠재력을 발휘할 수 있음을 가리키고, 지금까지 아무도 알아주지 않았던 무한히 큰 능력이 당신 안에 자리하고 있음을 말해준다.

당신이 할 일은 당신 안에 숨은 힘을 가리키는 이 신호들을 따라가는 것이다. 당신이 경험한 최고의 순간들이 지속되게 하겠다고 결심하라. 위기 상황에서 발휘한 놀라운 재능을 가능한 한 매

나라는 사람이 사실은 지금보다 더 나은 존재라는
깨달음이 부지불식간에 찾아오고는 한다.
그것은 희망과 기대가 부푼 한 순간의 메아리가 아니라,
원래부터 당신에게 있었던 솔직한 내면의 음성이다.

일 실천하겠다고 결심하라. 콜럼버스처럼 당신 안의 미개척지를 향한 항해를 계속하겠다고 결심하라. 그렇게 할 때 당신이 이 세상에 태어났을 때 당신 안에 심어져 있던 참된 자아가 분명하게 깨어날 것이다.

페스탈로치(Johann Heinrich Pestalozzi·스위스의 교육가)는 말한다. "당신을 성장시키는 자연의 도구는 당신 안에, 당신의 힘을 자각하는 내면의 감각에 있다." 당신의 본성을 자유롭게 하고 새로운 힘을 방출하게 하는 모든 합당한 수단과 경험을 추구하되, 무엇보다도 당신이 소유한 모든 능력을 최대한 활용할 수 있는 내적인 힘에 의지하라. 세상에 족적을 남기고 가치 있는 업적을 성취한 사람들은 모두가 자기 안의 자원을 발견한 사람들이다. 자기 개발의 원동력은 그 사람 안에 자리하고 있다. 성공하려고 노력하고 세상에 입지를 다지고자 힘쓰며 가장 큰 일을 이루고자 하는 가운데 우리 안의 힘이 발휘되는 것이다.

부모에게서 물려받은 재산이 아무리 많아도 신의 모상을 지닌 자기 안의 가능성을 발견하는 데는 도움이 되지 않는다. 부모가 대신 발견해줄 수도 없다. 그것은 오로지 스스로의 노력으로만 할 수 있는 일이다. 외부로부터의 도움은 자아를 발견하는 데에는 별 도움이 되지 않는다.

링컨은 자신이 당대 미국의 역사에서 가장 위대한 인물이 될 줄은 꿈에도 몰랐다. 그는 단지 자신의 성향이 이끄는 길을 가면서 교육을 받고 자신의 능력을 최대한 개발하기 위해 노력했을 뿐이다. 그에게 또래에 비해 특별히 두드러지는 재능이 엿보인 것은 아니었다. 하지만 자기가 가진 것을 최대한 활용한 결과, 자기 안에 숨겨진 거대한 능력과 성품을 찾아냈으며, 그때나 지금이나 세상 사람들은 그의 삶에서 큰 감명을 받고 있다.

끊임없는 노력, 창의적인 생각과 행동, 주도적이고 강한 실천력은 자아를 발견하는 여정에 데리고 가야 할 덕목들이다. 선철 조각 하나가 노련한 기술자의 손을 거치면 같은 무게의 금보다 50배나 비싼 실 태엽(hairspring, 정밀 기계의 부품으로 쓰이는 가느다란 나선형 쇠줄)으로 변모한다. 당신의 타고난 재능이 아무리 보잘것없어 보여도 다듬어지지 않은 당신의 재능을 끈질긴 노고와 공부와 노력으로 값어치 있게 제련할 수 있다. 그렇게 할 때 당신이 지닌 자원의 가치는 미처 상상하지 못했던 수준으로 상승할 것이다. 이것이 방직공이었던 콜럼버스와 인쇄소 일꾼이었던 프랭클린과 노예였던 이솝과 거지였던 호메로스와 칼 만드는 일을 하는 집에서 태어난 데모스테네스(Demosthenes·고대 그리스의 명연설가)와 그 밖의 다른 가난한 청년들이 한 일이다. 그들은 잠재력을 개발할 기회가 주어질 때마다 그 기회를 놓치지 않았고, 그렇게 자기의 가치를 키워서 다른 사람들보다 높이 우뚝 섰다.

참된 자아가 지닌 신성한 잠재력, 아직 발견되지 않은 내 안의 영역이 영혼과 힘을 파괴하는 온갖 쓰레기 더미 밑에 숨겨져 있을 수 있다. 이 쓰레기 더미는 의심, 자기 확신의 부족, 소심함, 두려움, 걱정, 증오, 질투, 복수심, 시기심, 이기심으로 이루어져 있다. 성장과 발전을 가로막는 이 장해물들과 그 밖의 모든 방해물은 제거되어야 한다. 그래야만 참된 자기, 즉 창조주의 모상대로 만들어진 인간 본연의 모습을 발견할 수 있다.

• 열네 번째 수업 •

솔직하게 있는 그대로의 나를 받아들인다는 것

진실하라, 그리고 계속 진실하라!

압델카데르의 어머니는 집을 떠나는 아들에게 은화 40디나르(dinar, 중동 지역의 화폐 단위)를 주며 절대 거짓말을 하며 살지 않겠노라는 다짐을 받았다.

"가거라, 내 아들. 너를 신께 맡긴다. 우리, 심판의 날에나 만나자꾸나."

소년 압델카데르는 집을 떠나 자기의 길을 찾아 나섰다. 그런데 며칠 뒤 그와 함께 길을 가던 일행이 강도떼를 만났다. 강도들 가운데 한 명이 물었다.

"가진 돈이 얼마냐?"

"제 옷 속에 40디나르를 꿰매 넣었습니다."

압델카데르가 대답했다. 하지만 강도는 웃기만 했다.

"가진 돈이 얼마인지 사실대로 말해."

또 다른 강도가 매섭게 다그쳤다. 소년은 이번에도 같은 대답을 했지만, 강도들은 그 솔직한 대답을 믿지 않고 무시해버렸다. 부하들이 소년과 얘기하는 것을 본 강도들의 두목이 말했다.

"꼬마야, 이리 와라. 가진 돈이 얼마냐?"

"제 옷 속에 40디나르를 꿰매 넣었다고 이미 당신 부하 둘에게 얘기했지만, 제 말을 믿지 않는 것 같습니다."

"이 아이의 옷을 찢어라!"

두목이 명령을 내렸고, 곧이어 은화가 옷에서 나왔다.

"왜 이걸 사실대로 얘기한 거지?"

"어머니를 거역하고 싶지 않아서입니다. 절대 거짓말을 하지 않겠다고 어머니에게 약속했거든요."

"너처럼 어린 나이에도 어머니와의 약속을 그토록 소중히 여기는데, 이렇게 나이 든 나는 신께 대한 나의 도리에 무관심했단 말인가? 네 손을 다오. 그 손에 대고 나의 회개를 맹세하겠노라."

두목이 맹세를 하자, 부하들은 크게 감동했다. 두목의 오른팔 격인 부하가 말했다.

"지금까지 두목께서는 죄의 길에서 우리의 두목이셨지만, 이제 선의 길에서 저의 두목이 되어주십시오."

그러면서 그는 두목이 한 것처럼 소년의 손을 잡고 맹세했다. 그러자 나머지 강도들도 차례대로 똑같이 맹세했다.

살아가는 동안 우리는 여러 가지 일에서 상처를 받게 되지만, 믿고 있었던 어떤 사람의 본모습이 평소에 알던 모습이 아닌 것을 목격할 때처럼 큰 충격도 드물 것이다. 다른 것은 다 용서해도 이런 속임수는 좀처럼 용서하기 힘들다.

자기에 관해 거짓된 인상을 심으려고 하는 것은 거짓된 삶을 사는 것이다. 참모습을 오래 감출 수는 없다. 언젠가 그 사람의 실체가 드러나게 되어 있다. 에머슨은 말한다.

"사람의 성품은 드러나게 마련이다. 그것은 감출 수가 없다. 말과 행동을 통해서도 드러나지만, 그 사람을 둘러싼 분위기에서도 드러난다. 우리 삶의 모든 면에서 진실은 반드시 드러나게 된다. 하지만 많은 사람들이 이런 현실을 부정하면서 삶을 망치고 있다. 실제보다 더 똑똑해 보이려 하거나 더 부유한 척하거나 더 강한 척하거나 더 나은 척한다."

우리는 삶의 많은 부분에서 '척하며' 살아간다. 모든 면에서 완전히 솔직하고 진실한 사람은 드물다. 마음을 활짝 열어젖히고 내면 깊은 곳까지 다 드러내 보이는 사람은 별로 없다. 우리 대부분은 마음의 문을 단속하며 살고 있다. 어쩌면 이따금씩 친한 친구에게 속을 드러낼 수도 있지만, 대부분의 사람이 타인을 대하는 마음의 태도는 '건드리지 마시오'이다. 대화하고 수다를 떨고 농담을 주고받지만, 상대방에게 내면을 보여주지는 않는다. 솔직하거나 진실할 수 있는 용기가 부족하다. 다른 사람의 평가에 촉각을 곤두세우느라 자신의 진짜 모습을 감추려 한다.

가장 흔히 행하는 진실하지 못한 행동으로 자기가 좋아하지도 않는 사람들을 반가운 척하며 얘기를 늘어놓는 경우를 들 수 있다. 전에 한 여성이 자기 집에 온 손님을 두고 이렇게 말하는 것을 들은 적이 있다. "저 할망구가 가니 속이 다 후련하네요. 저 부인 얘기를 듣고 있으면 지겨워 죽을 지경이에요. 눈에 안 띄려고 피하는데 오늘은 실패했네요." 하지만 이 여성은 그 부인에게 무척이나 상냥했고 다정하기까지 했다. 만나서 무척이나 기쁘다면서 자주 오라고 했고 당신을 만나는 것이 언제나 즐겁다고 말했다. 이 여성은 자신의 거짓된 행동이 스스로에게 얼마나 해가 되는지 깨닫지 못했다.

생각과 말과 행동이 다른 것만큼 성격 형성을 어지럽히는 것은 없다. 그런 행위는 진실성을 죽인다. 반복하면 반복할수록 우리 안의 진실성에 균열이 가고 결국에는 완전히 망가뜨리고 만다.

신뢰는 모든 일과 관계의 기본이기에 신뢰를 어긴다는 것은 부정한 행동일 뿐 아니라 어리석은 처신이기도 하다. 사실 정직한 방법으로 생계를 꾸리고 재산을 모으는 것이 훨씬 쉬운 일이기에 수상한 수단을 동원해서 스스로 타락하는 사람이 있다는 사실은 놀라운 일이다. 부정한 방법으로 부와 권력을 얻으려고 애쓰다가 멸시와 지탄의 대상이 되고 감옥에 간 수많은 사람들이 정직하고 명예로운 방법으로 그만큼 노력했다면 얼마나 좋았겠는가. 도둑이 도둑질을 하기 위해 꾀를 내고 계획하고 연구한 그 수고를 남의 것을 훔치는 데 쓰지 않고 새로운 것을 만들어내는 데 썼다면 자기들이 훔친 것보다 몇 곱절 값어치 있는 것을 생산할 수 있었을 것이다.

사람의 마음은 거짓을 재빨리 간파한다. 겉 다르고 속 다른 사람, 생각과 말이 다른 사람은 결코 신뢰를 얻지 못한다. 위선은 어떤 식으로든 감지된다. 아첨꾼이 꾸며낸 인상은 오래가지 못한다. 입에 발린 말 뒤에 진실함이 결여되어 있음을 누구나 알아차리기 때문이다.

아이들의 때 묻지 않은 마음은 진실함과 정직함에서 깊은 인상을 받는다. 하지만 어른은 아이에게 사람을 속이는 모습을 보이거나 다른 여러 가지 방법으로 진실과 정직을 외면하는 행동을 가르칠 수도 있다. 아이가 어른의 가식적인 행동이나 분에 넘치게 남을 대접하고 돈이 많은 척하는 모습을 본다면, 점점 그 아이의 눈에는 그런 행동이 잘못된 것으로 보이지 않을 것이다. 더구나 엄마와 아빠가 그런 행동을 하면 당연하게 받아들일 것이다. 그리고 오래지 않아 아이는 자연스럽게 비슷한 행동을 하게 될 것이다. 자녀가 거짓말하고 속이는 행동을 할 때 혼을 내는 부모가 사실은 똑같은 행동을 하는 사람들일 때가 많다.

뉴욕에 사는 한 사람도 그와 비슷한 경험을 했다. 어느 날 그는 사회적으로 저명한 친구에게 자신의 호화로운 집을 보여주면서 집에 있는 예술품과 가구 등에 얼마나 많은 돈을 썼는지 자랑했다. 손님이 가고 난 뒤에 아들이 말했다. "아버지는 저 그림들을 그 가격에 사지 않았고, 아버지도 그 사실을 잘 알고 있잖아요." 아버지는 대답했다. "그럼 뭐 어떠니? 지위와 재산만큼 다른 사람에게 좋은 인상을 줄 수 있는 것은 없단다."

그는 얼마 뒤에 일어날 일을 조금도 예상하지 못했다. 그는 아들이 몹시 당황스러운 거짓말을 하는 것을 들었다. 그가 아들에게 왜 그런 거짓말을 했는지 묻자, 아들이 대답했다. "왜요, 아버지? 아버지도 며칠 전에 그 아저씨한테 우리 집 그림들이 실제보다 훨씬 더 비싼 것처럼 얘기했잖아요. 그런데 왜 저한테는 거짓말을 했냐고 물으시는 거예요?" 그 아버지는 아들을 혼낼 수가 없었다.

자식에 대한 그릇된 책임감으로 인해 정직하게 행동하지 못하는 부모도 있다. 자식이 조금이라도 더 기뻐하기를 바라는 마음에 허리띠를 졸라매서라도 자기 능력 밖의 풍족함을 자식에게 주려고 한다. 물론 모든 부모가 내 아이만큼은 나처럼 힘들게 살지 않기를 바라고, 아이의 마음에 가난을 심어주고 싶어 하지 않으며, 아이가 행복해하고 예쁜 옷을 입고 다른 아이들이 가진 것을 갖게 해주고 싶은 바람을 갖고 있다. 하지만 자식을 위하는 마음과 자식 앞에서 위신을 세우려는 체면의식은 다른 것이다. 어쩌면 자식을 통해 나의 사회적 지위를 조금이나마 돋보이게 하려는 허영심이 작용한 것인지도 모른다. 내가 아는 한 가장은 자식을 좋은 학교에 보내고 좋은 옷을 입히기 위해 퇴근한 뒤에도 과외로 일을 하느라 늘 집 밖에서 생활한다. 과연 한창 자라나는 아이에게 당장 필요한 것이 좋은 학교와 좋은 옷일까, 아니면 아버지일까?

당신의 형편을 자녀에게 있는 그대로 말하면 어떤가? 자녀에게 솔직한 것이 아이에게뿐 아니라 부모 당사자와 다른 사람에게도 훨씬 낫다. 무엇하러 겉치레로 사는가? 왜 가면을 써야 하나? 다른 사람의 기대를 의식한 나머지 당신에게 부담되는 일들을 하려고 고군분투하기보다 당신의 형편을 사람들이 알게 하는 게 어떤가? 왜 실제 형편보다 더 잘사는 것처럼 보이려고 하는가? 왜 가진 것보다 더 돈이 많다는 인상을 심어주려고 하는가? 그냥 솔직할 수 없는가? 시간이 지나면 당신의 자녀와 친구들도 당신의 실제 상태를 알게 될 텐데, 속이는 것이 무슨 득이 되는가? 왜 형편도 안 되면서 사치스런 소비를 하고 분에 넘치게 손님을 접대하려 하는가? 위대한 인물들은 자신의 가난한 집을 찾은 귀한 손님들에게 소박하기 그지없는 식사를 대접하면서도 부끄러워하지 않았다. 프랑스의 한 위인도 무척 가난해서 손님이 찾아왔을 때 감자밖에 내놓을 것이 없었다. 그렇다고 자기가 가난한 것에 대해 양해를 구하지 않았다. 랄프 왈도 에머슨 역시 자기 집에 찾아온 귀한 손님들과 소박하게 식사하는 것을 주저하지 않았고, 가난해서 대접할 것이 별로 없는 처지를 미안해하지도 않았다. 뛰어난 인품을 지닌 사람들은 소박하고 진실하며 스스로에게 정직하다. 겉보기보다 더 나은 사람으로, 실제보다 더 잘사는 사람으로 보이려고 노력하지 않는다.

실제와 다른 모습을 보이려고 하면서 건강하고 아름다운 인성을 키울 수 있는 사람은 없다. 가면 뒤에 숨어서 사는 사람은 자신의 실체가 드러날까 봐 늘 두렵다. 자기의 지나온 과거를 늘 감추려고 한다. 그런 사람들은 다른 사람들이 자기를 어떻게 볼까, 자신의 진짜 모습을 알게 되면 어떻게 생각할까 두려워서 전전긍긍하며 거리낌 없이 이야기하기를 어려워한다. 그들은 자기의 약점이나 흠을 내보이는 것을 두려워한다.

정직과 진실함을 대신할 수 있는 것은 없다. 스스로에게 정직하라. 속이거나 감추려고 하지 말라. 가면을 쓰지 않으면 숨길 것도 핑계 댈 것도 없을 것이다. 거짓말을 감추려고 꼬리에 꼬리를 무는 새로운 거짓말을 할 필요도 없을 것이다. 언제나 진실하고 단순하게 행동하면 만사가 순조롭게 풀릴 것이다. 진실함이야말로 세상에서 가장 쉬운 삶의 길이며, 그렇게 행동할 때 사람들도 당신에게 믿음을 가질 것이다. 지금까지 숱한 거짓말로 삶을 꾸며왔다 해도 당신이 진실한 삶을 택한다면, 언젠가는 신뢰를 회복할 수 있을 것이다. 그러니 이미 망쳤다고 좌절할 필요는 없다.

진정한 자아와 마주할 용기를 가지라. 사람들은 당신을 훨씬 더 존중할 것이다. 사람들은 가면 쓴 사람을 알아본다. 당신이 진실한지 위선적인지, 참으로 교양 있는 사람인지 아니면 교양 있는 척하는지를 사람들은 안다. 미처 교양을 갖추지 못했다면, 순박한 자신을 있는 그대로 드러내면서 조금씩 교양을 쌓아가라. 교양 없는 사람이 교양 있는 것처럼 행동하는 것만큼 천박해 보이는 것도 없다. 자기의 진짜 모습이 아닌 다른 모습으로 사는 사람, 실제보다 형편이 좋은 것처럼, 실제보다 나은 사람인 것처럼 사는 사람은 믿음을 얻지 못할 뿐만 아니라 지속적인 스트레스에 시달려야 한다.

젠체하거나 살가운 척하는 것은 쓸데없는 짓이다. 허세와 우쭐거림은 진실한 태도를 따라갈 수 없다. 평소에는 거칠고 버릇없이 행동하면서 어떤 자리에서만 예의바른 척한다면 사람들은 그것을 간파할 것이다. 또한 평소에 익숙하지 않은 어려운 어휘를 구사하려고 애쓸 경우, 사람들은 당신이 제대로 배우지 못했고 다만 배운 척하는 것일 뿐임을 눈치 챌 것이다. 마음속으로는 어떤 사람을 전혀 가까이하고 싶지 않으면서 그 사람에 대해 관심이 많은 것처럼 얘기를 늘어놓고 반가운 척한다면 상대방은 당신의 위선을 느낄 것이다. 당신도 감출 수 없는 무언가가 당신에게서 풍겨 나와 당신의 속을 드러낼 것이다.

진정으로 행복해지고 싶다면, 단순하고 정직하고 자연스럽게 사는 것이 좋다. 진실하고 또 진실하라! 스스로에게 그리고 타인에게 정직하라. 그러면 두려울 것도, 후회할 것도, 숨길 것도, 부끄러울 것도 없을 것이다.

현재의 나보다 더 나은 사람이 되겠다는 바람을 갖되
지금의 못난 나를 지우려고
거짓으로 현실을 꾸며서는 안 된다.
더 나은 삶을 향한 걸음걸이는
정직하게 자신을 드러내고 받아들이는 마음가짐에서 출발한다.

· 열다섯 번째 수업 ·
자립심에 대하여

나를 일으켜 세우고 성공으로 이끌 유일한 사람은
바로 나 자신이다

카이사르(Gaius Julius Caesar)는 영국 해안에 상륙했을 때 군대를 싣고 온 배를 모두 불태웠다. 모든 후퇴 수단을 차단하면 병사들이 더욱 절박하게 싸울 것임을 알았기 때문이다.

성공적인 인생을 누리지 못하는 이유의 절반은 결심이 완전하지 못하기 때문이고, 뒤로 물러날 가능성을 없애는 배수의 진을 치지 않았기 때문이다. 상황이 힘들어지고 앞이 보이지 않을 때 돌아가고 싶어지는 것이 인간의 나약한 본성이다. 성공의 가능성을 반감시키고 최고의 경력을 쌓을 수 있는 사람이 그저 그런 경력에 머물게 되는 참으로 안타까운 지점이 바로 좌절하거나 용기를 잃었을 때 자신이 출발했던 곳으로 돌아가겠다고 결정하는 때다. 상황이 좋든 나쁘든, 목표가 보이든 보이지 않든 끝까지 가보겠다는 단호함만이 승리할 수 있다.

이런 말을 하는 젊은이들을 종종 만난다.

"저는 집안이 변변치 않아서 도움을 받을 처지가 못 됩니다."

"고향의 제 가족은 하루하루 살아가는 것조차 힘들어합니다. 제 인생은 어떻게든 제가 알아서 해야 할 형편입니다."

자신의 길을 개척하는 데 있어 어떠한 후원도 기대할 수 없는 이 젊은이들에게 복이 있으라.

외부가 아니라 자기 안에서 자원을 찾는 것이야말로 진정한 성공과 행복으로 향하는 비결이다. 자립하지 못하는 삶은 바람의 방향에 따라 흔들리는 갈대와 같다. 우연과 환경과 상황에 지배당하며 살고 남들이 자기를 이용하고 착취해도 속수무책이다. 자립할 수 있는 사람은 삶의 모든 바람직한 것들을 얻을 수 있는 열쇠를 갖게 된다. 그들은 자기에게 맞서는 그 어떤 것에도 대적할 힘이 있다. 그들은 운명을 지배한다.

삶에서의 모든 진정한 성공과 세계 역사에 남은 모든 위대한 업적들은 자기 개발과 자립심에 뿌리를 두고 있다. 자립심은 진정한 어른이 되는 자격 요건이다. 건강한 성품은 애지중지 보살피고 내키는 대로 다 하도록 내버려두어서 키워질 수 있는 것이 아니다. 삶의 큰 목표를 향해 꾸준히 노력함으로써 얻을 수 있다.

자립심은 영유아기 때부터 키워주어야 한다. 하지만 많은 어머니들이 그와 반대로 양육한다. 어머니들은 아이들이 해달라는 대로 해주고 몸에 조금만 상처가 생겨도 안타까워하는데, 이런 행동은 아이들의 자립심을 죽인다. 아이가 넘어지거나 어딘가에 부딪히면 당장 달려가서 안타까워하며 울음을 그칠 때까지 다독인다. 이것은 아이에게 자기연민을 부추기는 행동이다. 이런 작은 상처쯤은 얼마든지 생길 수 있음을 알게 함으로써 아이의 대범함을 키워주기보다, 상처가 생긴 것을 과장해서 자기연민의 습성을 키운다. 이는 곧 조금만 힘든 일이 생겨도 도움과 동정을 바라며 누군가에게 달려가는 습관을 키우게 한다.

다정하고 편안한 부모가 때로는 아이들에게 해로운 적이 되고는 한다. 잘 훈육받았더라면 훌륭한 성품을 지닐 수 있었을 딸을 응석받이로 키운 한 어머니가 있다. 그녀는 딸이 뭐든 제멋대로 하도록 내버려두었다. 딸은 어릴 때 조금만 힘든 일이 생기면 어머니에게 달려가 동정을 구했고, 원하는 것을 얻었다. 학교에서 공부하다가도 집에 가고 싶으면 갔다. 엄마가 어떤 핑계든 대줄 것임을 알고 있었기 때문이다. 매사에 딸은 응석을 부리는 대로 다 받아들여졌고 원하는 대로 다 할 수 있었다. 결과적으로 딸은 강건한 성품을 조금도 키우지 못했고, 스스로 무언가를 해낼 능력도 개발하지 못했다. 오랜 시간 동안 과외 수업을 받고도 무척 힘들게 대학에 들어갔다. 대학에 간 뒤에도 계속해서 뒤처졌고 시험에서 낙제를 면치 못했다. 어머니가 딸에게 자립심을 키워주기보다는 모든 수고로움으로부터 벗어나도록 꾸준히 애썼기 때문에 딸은 인생의 낙오자가 될 수밖에 없었다. 자신이나 타인을 위해 무언가를 해보지 않고 응석받이로 자란 아이는 결코 건강하고 강건하며 독립적인 성인으로 자랄 수 없다.

앞으로 사회에서 중요한 일을 하고 싶지만 수준 높은 교육을 받을 수 있도록 도와주거나 좋은 자리에 연결해줄 인맥이 없다고 하소연하는 젊은이들에게 나는 이렇게 얘기해주고는 한다. 젊은이들이 크게 착각하고 있는 것 중 하나가 자신의 성공이 다른 사람에게 달려 있다고 생각하는 것이다. 시계가 움직이기 위해 필요한 동력을 바깥에서 찾을 수도 있겠지만, 당신에게 성공을 만들어줄 시계의 태엽은 바로 당신 안에 있다. 인맥이나 특별한 기회에 있는 것이 아니다. 부유하고 풍족하게 자란 젊은이들이 성공하는 것이 아니라 스스로 배움의 기회를 얻고 자신의 삶을 개척하고자 한 젊은이들이 성공한다는 사실을 지난 역사는 증명한다.

인류 문명을 개척한 이들은 대체로 가난한 젊은이들이다. 그들이 위대한 발견과 발명을 했고, 위대한 상인·엔지니어·여러 분야의 전문가·화가·음악가로 활동했다. 사실상 가장 위대한 업적을 이룬 이들은 대부분 자수성가한 사람들이다.

많은 젊은이가 환경 탓을 한다. 자신이 처한 여건 때문에 어쩔 수 없이 꿈을 펼칠 수 없었다고들 말한다. 하지만 그렇게 불평하는 그대여, 아마도 당신은 충분히 노력하고 있지 않을 것이다. 자기 자신에게 정말로 솔직할 수 있다면, 당신이 맞닥뜨린 것과 똑같은 장해물을 훌륭히 뛰어넘은 이가, 당신을 가로막고 있다고 하는 그 불리한 여건들을 극복한 이가 주변에 보일 것이다.

물론 세상은 부조리한 면이 많아서 반드시 가장 많이 노력한 이가 가장 많은 성과를 이루는 것은 아니고 가장 높은 자리에 오르는 것도 아니다. 조상 잘 만난 덕에 부유하고 힘 있는 집안에서 태어나 남보다 앞서서 출발하는 이들이 분명 있게 마련이다. 그렇지만 내가 처한 환경이 불리하다고 해서 지레 포기하거나 불평과 불만으로 허송세월하는 것은 가장 어리석은 짓이다. 가장 성공할 순 없더라도 가장 위대해질 수는 있다. 부유한 집안의 자식들이 성공하는 것을 두고 운이 억세게 좋다고만 평해서도 안 된다. 좋은 배경에 노력까지 더해져 그들은 지금 그 자리에 있는 것이다.

억만금의 재산을 물려받았다 한들 성품이 곧지 못하고 노력도 하지 않는 사람은 결국 망가지게 되어 있다.

나는 자신의 힘으로 일가를 이룬 사람들을 알고 있다. 그들 가운데 많은 이가 농장이나 시골에서 살았거나 공장에서 일했다. 가난할 뿐만 아니라 부양해야 할 가족도 있었다. 그러나 그 모든 걸림돌 앞에서도 그들은 언젠가는 스스로 일어서고 집안을 일으키겠다고 결심했으며, 결국 그렇게 했다. 다른 사람들이 꿈도 야무지다며 비웃고 그건 불가능한 일이라고 말해도 상관없었다. 그들은 결심한 것을 실행에 옮겼다.

기회가 없다느니, 나를 밀어주고 끌어주는 사람이 없다느니, 아무도 나에게 금전적인 도움을 주지 않고 길을 보여주지 않는다느니 하는 어리석은 변명 뒤에 숨지 말라. 스스로 일어서라. 스스로를 도우라. 당신을 꼭대기로 끌어올려줄 힘은 오직 당신 안에 있다. 가난하지만 자립심이 강하고 멋진 열정이 가득하며 목표의식과 그것을 성취하고자 하는 마음이 강한 젊은이들을 나는 알고 있다. 그들을 가로막느니 차라리 중력을 거스르는 것이 더 쉬울 것이다.

당신을 가로막을 수 있는 것은 오직 하나뿐이다. 자기 확신의 부족 그리고 스스로 무언가를 해보고자 하는 의지의 부족이다.

의욕이 충만한 사람들에게는 도처에 기회가 있다. 가난한 노예 소년 프레더릭 더글러스(Frederick Douglass·노예폐지운동가, 미국 정부의 고위직에 오른 최초의 흑인 시민)는 농장 울타리에 붙어 있던 포스터와 신문 조각을 보며 알파벳을 익히고 공부라는 것을 처음 시작했다. 그는 그렇게 정신적·육체적 종속 상태를 딛고 일어나 주 아이티 미국 공사의 자리에 올랐고 미국 사회의 지도자가 되었다. 노예에게 글을 가르치는 것이 금지되었던 시절에 이 가난한 노예 소년은 그 누구의 도움이나 인맥 없이 성공을 이룰 수 있었다. 당신도 분명 성공을 이룰 수 있다.

인맥이나 타인의 도움, 운이나 기회가 사회생활의 중요한 요소라는 생각은 가능한 한 빨리 머릿속에서 지우는 것이 좋다. 그것은 착각이다. 어쩌다가 인맥의 도움으로 성과를 쌓는다 할지라도 거기에는 반드시 합당한 대가가 따르기 마련이다. 스스로를 돕지 않으면 평생 같은 자리만 맴돌 것이다. 당신이 이룰 성공은 저절로 찾아오지 않는다. 당신이 그것을 찾아야 하며, 모든 사람이 다 알 정도로 열심히 적극적으로 찾아야 한다. 배짱이 있고 진정으로 성공하겠다고 결심한다면, 목표에 이르는 길을 찾을 것이다. 아무도 당신을 가로막지 못할 것이다. 그 누구도 성공을 독점할 수 없기 때문이다. 의욕이 충만하고 결심이 굳은 일꾼에게 실패란 없다. 왜냐하면 실패를 딛고 다시 일어서기 때문이다. 의지가 약한 이들만이 실패를 환경 탓으로 돌린다. 그들에게는 온갖 변명거리가 준비되어 있으며, 그들이 가는 길에는 언제나 넘을 수 없는 장해물이 가득 놓여 있다.

젊은이들이 가진 또 하나의 착각이 있다. 바로 삶을 결정짓는 요소들이 모두 미래에 있다고 여기는 것이다. 그래서 큰 기회를 만날 때까지 당분간은 힘을 비축하며 시간을 보내겠다고 생각한다. 그들은 성공을 이룬 모든 사람들의 삶이 젊은 시절부터 이어져왔고, 젊은 시절에 시작한 일을 계속 해나가고 있다는 사실을 깨닫지 못하고 있다. 젊은 시절에 시작한 어떤 일이 쌓이고 쌓여 전체의 경력을 이루며 젊은 시절에 한 것들로 인해 미래가 결정된다는 점을 미처 생각하지 못하고 있다.

때문에 어린 시절에 자립심을 키우는 것이 매우 중요하다. 어린 시절부터 스스로 생각하고 행동하며, 자기 의견을 갖고 자기의 판단을 믿으며 스스로 결정하는 것을 배우는 것이 청년기에 내리는 결정들에 큰 영향을 미치고, 결과적으로 평생에 걸쳐 영향을 미치기 때문이다.

한 운동선수의 이야기를 신문에서 읽은 적이 있다. 그는 어릴 때 근력을 키우기 위해 송아지를 들어올리기 시작했고, 송아지가 황소로 자랄 때까지 매일 그렇게 들어올렸다. 송아지의 무게가 서서히 늘어났기 때문에 소년의 힘과 근육도 소의 무게에 비례해서 계속 발달했다. 이와 마찬가지로 가난한 소년이 사업가로 자수성가할 수 있다. 처음에는 시골 가게에서 청소하고 잔심부름하는 점원으로 시작했다가 차츰 경력을 쌓아서 작은 가게를 낼 수 있을 것이다. 그러고 나서 매일 조금씩 더 많은 일을 처리하고 더 큰 일을 해내면서 사업을 계속 확장해갈 것이다. 처음에는 송아지만 했던 사업이 마침내는 거대한 황소로 자랄 것이다.

어린 시절부터 스스로 주도적으로 일을 해나가는 것, 외부의 도움에 기대지 않고 스스로 일하는 법을 훈련하는 것이 성공의 비결이다. 이것이 존 워너메이커와 셀프리지(Harry Gordon Selfridge·영국 셀프리지 백화점의 창업자)와 마샬 필드(Marshall Field·현대적 개념의 백화점 사업을 최초로 도입한 미국의 사업가) 그리고 그 밖의 뛰어난 사업가들이 했던 일이다.

부유한 사업가의 아들이 아버지의 사업을 이어받아 실패하는 경우가 더러 있는데, 그 이유는 아들이 아버지가 했던 훈련을 하지 않았기 때문이다. 송아지였던 사업이 소가 될 때까지 매일 들어올리는 연습을 하지 않은 것이다.

에머슨은 자연에서 저절로 주어지는 것은 없다고 말한다. 그

우리의 미래는 지금 행한 어떤 일과 결정의 영향을 받는다.
성공 역시 마찬가지다.
성공은 어느 날 갑자기 하늘에서 떨어지는 행운이 아니라,
지금 시도한 일들의 숱한 실패와 작은 성공이 모인 결과물이다.

무엇도 우리의 노력 없이 거저 주어지지는 않는다. 스스로 할 수 있는 일을 부모나 다른 사람이 대신해주는 것은 그릇된 도움을 주는 것이다. 돕는다고 하지만 그것은 진정으로 도와주는 것이 아니다. 좋은 의도로 하는 일이지만 실은 해를 가하는 것이다.

혼자 힘으로 삶을 개척하여 자수성가한 부유한 아버지가 자식에게 거대한 재산을 물려주는 것이 결국에는 돌이킬 수 없는 해를 가하는 것임을 깨닫지 못하는 것은 애석한 일이다. 그 재산은 아들의 노력으로 얻은 것이 아니다. 아들은 그 재산이 형성되는 데 전혀 기여하지 않았다. 아버지는 사업을 일구면서 강인하고 능력 있고 자립적인 사람이 되었지만, 아들은 그런 과정을 거치지 않았다. 많은 재산을 소유하는 것으로 그런 사람이 저절로 될 수는 없다. 돈은 자식에게 아무짝에도 도움이 되지 않으며, 오히려 독이 된다. 부모의 재산을 물려받고도 크게 되는 젊은이가 있다면 그는 참으로 보기 드문 사람이다. 자신의 노력으로 만들지 않은 재산은 스스로 노력하려는 동기를 빼앗을 뿐 아니라 그릇된 길로 빠지게 하는 수만 가지 유혹을 동반한다. 그런 유혹은 내면의 균형이 잡힌 강인한 사람만이 견딜 수 있다.

자녀에게 줄 수 있는 최고의 자산은 자립심이 강한 어른으로 성장할 수 있는 실질적인 자질을 키워주는 것이다. 그런 가르침을 받은 사람은 그 어떤 부자의 재산이 부럽지 않은 부유한 성품을 지니게 된다. 자녀에게 이런 훈육을 하지 않는 것은 아이들을 약자로 만드는 셈이다. 그들은 삶의 파도에 좌지우지되는 상태로 머물게 될 것이다. 성인이 되어서 겪는 이런 손실은 재산을 아무리 쏟아부어도 메워지지 않는다.

건강한 자립심을 가진 사람이 교육까지 잘 받으면 어떤 실패를 겪어도 끄떡없는 단단한 갑옷을 입게 된다. 목표를 이루는 것이 오로지 자신에게 달려 있다는 사실을 깨닫지 못한 젊은이는 아직 삶의 출발선에 설 준비가 되지 않았다. 누군가가 밀어주고 끌어당겨주어야 시작할 수 있다는 생각을 극복하지 못하는 한 어느 곳에도 이르지 못할 것이다.

모든 젊은이들이 자신이 자기 삶의 주인이 되어야 함을 알도록 가정교육을 받는다면, 성공의 밑천이 다른 곳에 있는 것이 아니라 그들의 내면에 있으며 세상에서의 입지와 개인의 성취가 자신에게 달려 있음을 학교에서 더욱 강조한다면, 매년 대학을 졸업하는 수많은 젊은이들이 학위를 품에 안고서 자기를 지원해주고 이끌어줄 누군가를 마냥 기다리지는 않을 것이다.

"모든 외적인 도움을 피하고 홀로 설 수 있는 사람만이 강한 자이고, 승리는 그들의 것이다."

에머슨이 한 이 말은 모든 성취의 비결이다. 어려움 속에서 도움이 필요할 때 자기 내면의 자원과 거대한 잠재력을 찾아보라. 그렇게 할 때 결코 실망하지 않을 것이며 실패하지 않을 것이다.

친구여, 당신을 가로막는 것처럼 보이는 바로 그것이 목적을 이루는 도구가 될 수 있다. 믿음과 용기를 갖고 계속 전진하면서 당신을 가로막는 그것을 활용할 수 있다면, 그것이 당신을 방해한 것이 아니라 오히려 도왔음을 알게 될 것이다.

"스스로 신뢰하라. 모든 마음은 그 믿음의 현을 타고 울린다."

에머슨의 이 말을 새기기를. 자신을 믿는 사람이 곧 승자다.

• 열여섯 번째 수업 •
옷차림과 외모를 가꾸는 일의 중요성

옷차림에 신경 쓰는 일은 나와 타인에 대한 존중을 드러내는 것

    옷을 입을 때 세심하게 신경 쓰고 외모를 늘 깔끔하고 단정하게 살피는 사람을 보면 신선한 기분이 든다. 그런 사람에게서는 자신의 개성과 외모를 소중히 여기는 동시에 자신을 관심을 갖고 보살펴야 할 고귀한 선물로 여기는 마음이 느껴진다. 우리 안의 재능을 키우는 것처럼 몸과 외모도 가꾸어야 한다.

    정상적인 사람이라면 아름답고 보기 좋은 것을 선호한다. 나의 외모에 대해서도 상대방에게 매력 있어 보이고 싶은 바람을 누구나 가지고 있다. 하지만 대부분의 사람이 자신의 외모와 개성을 그리 깊게 생각하지 않는다. 지금 자신의 외모가 깔끔한지, 옷은 잘 입었는지, 전반적인 외양이 어떤지에 대해 각별한 관심을 두지 않는다.

"몸과 영혼을 보살피는 것은 별개의 의무가 아니라, 하나의 의무를 이루는 두 부분이다."

필립스 브룩스 목사의 말이다. 우리가 고귀한 존재임을 진정으로 믿는다면, 거지처럼 누더기를 입고 돌아다니거나 몸에 맞지도 않고 어울리지도 않는 옷을 입고 다니도록 태어나지 않았다는 점을 받아들여야 한다. 매너와 태도 못지않게 옷이나 몸의 청결도 잘 유지해서 타인에게 좋은 인상을 주도록 노력하는 것이 모름지기 모두가 해야 할 일이다. 우리는 신이 빚은 예술 작품이므로.

몸을 깨끗하고 건강하게 유지하고 깔끔하고 어울리는 옷을 입는 데 쓰는 시간은 절대 낭비가 아니다. 우리 자신은 세심하고 꼼꼼한 보살핌을 받아 마땅한 존재이기 때문이다. 아침에 일어나 방에서 나올 때나 집 밖으로 나갈 때 아는 사람을 만나도 아무렇지 않을 채비가 되어 있어야 한다. 셔츠는 깨끗한 것으로 입고 겉옷에 얼룩이나 때가 묻어 있지 않은지 살펴야 한다. 이런 행위를 평생의 습관으로 삼는다면 자신에 대한 존중감이 커질 뿐만 아니라 당혹스럽고 굴욕적인 경험들을 덜 하게 될 것이다.

내가 오랫동안 알고 지내는 한 사람은 머리가 아주 좋은데, 옷깃이나 소매에 때가 묻지 않은 것을 거의 본 적이 없다. 반드시 옷의 어느 한 부분에 기름때가 묻어 있다. 때가 탄 해진 넥타이를 매고 있을 때가 많고, 구두를 닦거나 옷을 다려입는 일에도 신경을 쓰지 않는다. 이런 점들은 그의 사회생활에 있어서 꽤 심각한 문제를 일으키고는 한다.

또 한 사람은 전문직 종사자인데 재능이 많고 재미있으며 설득력 있게 말을 잘한다. 인기가 많아서 공식 만찬의 식후 연설을 부탁받을 만한 사람이다. 하지만 옷을 형편없이 입고 부스스하고 단정하지 못한 모습 때문에 사람들은 점잖은 자리에 그를 초대하기를 꺼린다. 그는 어디를 가든 옷에는 거의 신경을 쓰지 않는 것 같다. 다른 사람들이 옷을 어떻게 입고 다니는지에 대해서도 관심을 두지 않는다. 그의 옷은 늘 몸에 맞지 않고 때가 묻어 있으며 때와 장소에 어울리지 않는다. 지인들 대부분이 그의 재능과 비범함과 명석함을 알지만, 중요한 자리에 동행할 만한 파트너로 여기지는 않는다.

더러운 옷깃이나 낡은 양복 때문에 치욕스러운 경험을 한 일이 다들 있을 것이다. 보스턴 출신의 한 사람도 그런 씁쓸한 일을 당했노라고 내게 이야기한 적이 있다. 그는 비가 많이 내리는 날 아침에 낡은 양복을 입고 집을 나섰다. 그 옷은 해졌을 뿐 아니라 꽤 더럽고 구겨진 상태였다고 한다. 그는 하루 종일 비가 내릴 거라고 생각해서 셔츠도 전날 입었던 것을 다시 입고 나갔다. 비가 내리는 날에 빨지 않은 셔츠쯤이야 별 문제가 되지 않으리라고 생각한 것이다.

하지만 유감스럽게 그날 그는 예정에 없이 무척 중요한 사람들을 만났다. 깨끗한 셔츠와 다른 양복으로 갈아입을 수만 있다면 천금이라도 주고 싶은 심정이었다고 한다. 미팅을 하는 내내 추레한 자기 옷에 온 신경이 곤두서서 제정신이 아니었다. 창피했고 상대방의 시선이 신경 쓰여 내내 불편했다. 그는 이날의 경험으로 중요한 것을 배웠다. 날씨가 어떠하든, 어디를 가든 적절하고 어울리는 옷을 입지 않은 상태로는 바깥으로 나가지 않겠노라고 다짐했다.

옷을 최악으로 입고서 최고의 상태로 보이려고 하는 것이 얼마나 힘든지 우리는 안다. 외모를 잘 가꾸면 매너도 더욱 빛이 난다. 옷을 어울리게 입으면 말도 더 잘하게 되고 생각도 더 잘하게 되며 더욱 진취적으로 행동하게 되고 더욱 용기가 난다.

우리의 능력과 능률이 확장되거나 위축되는 것은 우리의 정신적 태도와 매우 밀접한 관련이 있다. 입고 있는 옷에 무언가 문제가 있다고 의식하게 되면, 예컨대 옷이 어수선해 보인다거나 옷차림에서 부주의한 마음 상태나 깔끔하지 않고 단정하지 못한 면이 드러날 때, 마음이 불편하고 창피한 기분이 든다. 이럴 때는 우리가 지닌 용기와 다른 자질들도 위축되고 만다. 적극성이 굳어버리고 생각하고 대화할 능력마저 심각한 타격을 받는다.

옷차림에 왜 이토록 민감하게 영향을 받는지는 알지 못하지만, 옷이 우리의 일상적인 행동에 미치는 크나큰 영향은 부인할 수 없을 것이다. 외모를 잘 가꾸는 것은 외적으로뿐 아니라 내적으로도 도움이 된다. 자존감을 높이는 데 도움이 되는 것들은 행복감을 더해주고 능률도 키워주기 때문이다. 나에게 어울리는 새 옷을 입었을 때 활기가 생겨나지 않던가? 새 옷을 입으면 기운이 나고, 축 쳐져 있던 기분이 달아나며, 새로운 힘이 생긴다. 발걸음도 가벼워져서 힘차게 걷게 되고, 고개를 당당히 들게 되며, 정신은 더욱 초롱초롱해진다. 내가 중요한 사람이 된 듯 느껴지며 자존감이 커진다. 에머슨은 옷을 제대로 잘 갖추어 입었다고 의식할 때 내적인 평온함을 느끼게 되며, 이런 평온함은 심지어 종교를 통해서도 얻을 수 없는 종류라고 설명했다.

혹시 기분이 처지거나 우울할 때, 아무것도 하기 싫을 때, 이렇게 한번 해보라. 가능하면 사우나를 하거나 더운 물로 목욕을 하고 몸을 구석구석 깨끗하게 씻은 다음 좋은 옷을 입는 것이다. 마치 중요한 곳에 갈 것처럼 단장하라. 그리고 중요한 손님이 올 것처럼 방을 정돈해보라. 놀랍게도 마음가짐도 거기에 맞게 달라지는 것을 느끼게 될 것이다. 우리가 아무리 대단한 능력을 지녔을지라도 우리의 사고는 우리가 입고 있는 옷이나 외모와 동떨어져 있을 수 없다. 이는 우리의 삶에 미묘하게 중요한 영향을 미친다.

매력적이고 개성이 강한 한 여성이 얼마 전에 나에게 이런 말을 했다.

"왜 그런지는 저도 알 수 없지만, 제가 옷을 잘 입었다는 것을 의식할 때 기분이 달라져요. 저의 본성이 자유로워지고 힘이 솟는 것 같아요. 표현력도 더 풍부해지고요. 단순히 사람들과 함께 있어서 그런 것만은 아닌 것 같아요. 그럴 때는 편지도 더 잘 써지고 책도 잘 읽히거든요. 집에 혼자 있을 때에도 옷을 대충 입고 있을 때보다 잘 갖춰 입었을 때 일이 더 잘돼요. 사실 여자들도 대부분 집에 혼자 있을 때 손님이 올 일이 없으면 대충 입고 있는 경우가 많거든요. 옷을 잘 입었을 때 왠지 모르게 기운이 더 나요. 자신감이 커지고 나 자신이 소중하게 여겨져요. 자존감이 더 커지는 거죠."

여기서 시인인 엘라 휠러 윌콕스의 말을 들어보자.

"당신 자신을 가능하면 아름답게 가꾸세요. 먼저 아름다운 생각과 아름다운 욕구와 아름다운 행동으로 가꾸고, 그다음에는 몸을 보살핌으로써 그리고 깨끗하고 깔끔하고 정돈된 생활과 알맞은 옷으로 스스로를 가꾸세요. 당신 삶의 소명이 무엇이든 당신의 개성과 외모가 성공과 실패에 지대한 영향을 미친다는 사실을 무시하지 마세요. 외모가 그다지 뛰어나지 않고 못생기기까지 한 사람들이 매력적으로 보일 때가 많습니다. 대신 그런 사람들은 자기를 잘 가꾸고 옷을 잘 입지요."

많은 젊은이들이 성공을 꿈꾸면서도 성공적인 삶을 이루는 요소들에 대해서는 관심을 두지 않는다. 각자가 지닌 장점들을 생산적으로 잘 활용하기 위해 하나하나 잘 챙기는 것이 얼마나 중요한지 깨닫지 못하고 있다.

옛말에 '옷이 날개'라는 말이 있다. 이 말을 부정하는 사람도 있겠지만, 이 말에 담긴 의미를 얕잡아보아서는 안 된다. 어떤 옷을 어떤 식으로 입느냐는 우리 삶에서 실로 중요한 역할을 한다. "옷이 그 사람을 말해준다."라는 셰익스피어의 말은 과연 옳다. 사회생활을 함에 있어 단정한 옷차림은 내가 어떤 사람인지를 보여줄 수 있는 가장 좋은 수단이다. 신사의 증표는 옷차림이다. 옷을 형편없이 입었거나 추레한 차림으로 최상의 컨디션을 유지한다는 것은 사실상 불가능하다.

외모와 옷차림새를 등한시할 때
인격 역시 퇴보하게 된다.
몸과 외모를 깔끔하고 단정하게 가꾸지 않고
최상의 마음 상태를 유지할 수는 없다.

좋은 옷이라고 해서 비싼 옷을 의미하는 것은 아니다. 깨끗하고 구김이 없는 옷, 자리에 어울리는 옷, 신체적 단점과 장점을 감추어주거나 도드라지게 하는 옷, 개성을 드러내면서도 타인을 불편하게 하지 않는 옷이 좋은 옷이다. 옷을 잘 입었을 때 그 사람의 내면이 안정되어 보이고, 질서 있고 합리적인 상태라는 것을 알게 해준다.

많은 노인들이 일자리를 찾아 이곳저곳을 돌아다니지만 마땅한 자리를 얻지 못해 실망하고 낙담하는데, 그들이 착각하는 것이 있다. 그들은 자기가 백발노인이어서 일을 얻지 못한다고 생각하지만, 실은 그 이유가 잘 가꾸지 않은 외모와 단정하지 못한 옷차림 때문일 때가 더 많다. 그런 사람들은 자신이 어떤 사람인지 보이기보다는 고용주의 동정심을 사려고 한다. 그동안의 삶이 얼마나 운이 없었는지, 나이 많은 사람이 일자리를 구하기가 얼마나 힘든지 푸념을 늘어놓는다. 이런 식의 신세한탄은 지원자의 합격 가능성을 현저히 떨어뜨릴 뿐이다.

젊은이가 일자리에 지원할 때도 마찬가지다. 그의 외모가 그 사람이 어떤 사람인지 말해준다. 고용주는 실패자의 분위기를 띤 사람을 원하지 않기에 꾀죄죄한 옷차림의 지원자는 좌절을 맛볼 수밖에 없다. 자기를 나타내는 자리에 형편없는 옷차림으로 나간다면 기회는 여지없이 날아갈 것이다.

 회사 사장이나 인사 책임자가 당신을 채용하고 싶은 마음이 들게 만드는 가장 빠른 방법은 외모를 깔끔히 하고 몸가짐에 주의를 기울이며 나이와 상관없이 유행에 뒤처지지 않는 모습을 보이는 것이다. 겉모습에서 호감을 주지 못하면 원하는 직장을 얻지 못하더라도 겸허히 받아들여야 한다.

 안타깝게도 사람들은 큰 것보다는 작은 것들을 보고 남을 판단할 때가 많다. 때가 낀 손톱, 너덜너덜한 넥타이, 지저분한 옷깃, 헐렁한 바지, 꾀죄죄한 모자의 띠처럼 사소해 보이는 것들이 당신에 대한 평가를 떨어뜨릴 수 있으며, 당신에 대해 전반적으로 좋지 않은 인상을 심어줄 수 있다. 물론 이러한 평가는 선입견일 수 있다. 하지만 우리는 무엇보다 먼저 몸과 외모를 통해 우리 자신을 표현한다. 게다가 처음 만나는 경우에는 상대를 평가할 요소가 외모밖에 없다. 그리고 우리가 입는 옷은 우리가 의식하지 못하는 사이 우리의 개성과 성격을 표출하며, 상대방 역시 그것을 감지한다. 몸의 외면적 상태가 내면의 상태를 상징하는 것으로 받아들이는 것이다. 외모를 방치한 결과 그 겉모습이 보기 싫고 거부감이 든다면, 그 사람의 내면도 그와 비슷하리라고 짐작하게 된다.

 실제로 외모 관리를 등한시할 때 인격도 함께 퇴보하는 경우가 많다. 실의에 빠진 사람, 청결 상태를 신경 쓰지 않는 사람, 옷차림에 무관심한 사람은 머지않아 하는 일에도, 동료들에게도, 자기 몸가짐에도, 그리고 결국에는 윤리의식에 있어서도 부주의해지기 시작한다. 깔끔한 몸과 깔끔한 성격은 매우 밀접한 관계에 있다. 둘 중 하나가 무너지면 다른 하나마저도 퇴보하게 된다.

로버트 버데트(Robert J. Burdette · 미국의 작가이자 성직자)는 말했다.

"삶의 수준이 떨어지면 정신도 함께 미끄러진다. 그리고 구질구질함은 옷에서 성격으로 옮는다. 옷에 묻은 먼지와 때는 그 사람의 사고 속으로도 들어가기 쉽다. 깔끔함은 세상에서 가장 저렴한 사치이며, 가장 편안한 것이기도 하다."

성공을 이루고 명성을 쌓은 사람들이 옷차림을 중요하게 여긴다면, 이제 막 사회에 첫발을 내딛은 사람이나 한창 자기 경력을 쌓으려고 노력 중인 사람은 어떠해야 하겠는가? 남들보다 두각을 나타내는 사람들 중에는 사회생활을 시작할 즈음에 외모에 좀 더 신경을 썼더라면 훨씬 수월하게 성공했을 사람들이 있다. 그런 사람들은 옷에 신경 쓰는 일을 겉멋이 든 것이라고 여긴다. 그렇게 생각하는 사람의 관점을 바꾸기란 여간 어려운 일이 아니지만, 나는 이렇게 말하고 싶다. 잘 차려입는 것은 자신뿐 아니라 상대에 대한 존중을 나타내는 것이라고.

우리의 삶은 더 나은 쪽을 향해야 한다. 그리고 사람은 누구나 최고의 예술 작품으로 존재해야 한다. 옷을 통해 표현되는 사람의 개성은 타인에게 좋은 인상을 주고 유쾌한 기분이 들게 해야 한다.

우리는 대체로 자기의 체질이나 기질, 나이, 체격, 체형에 맞게 옷을 입지 않는다. 남들이 다들 입는 옷을 입는다. 세상에 똑같이 생긴 사람은 없는데도, 수많은 사람들이 같은 종류의 모자를 쓰고, 같은 종류의 옷깃을 하고, 같은 스타일의 옷을 입는다. 옷은 그 사람의 한 부분으로서, 개성과 성격을 드러내는 것이어야 한다. 자아의 표현이어야 한다. 창조주는 그 어떤 피조물도 서로 똑같은 형태로 만들지 않았다. 그런데 왜 옷은 똑같이 입고 다니는가? 당신의 개성은 깊이 연구할 가치가 있으며, 당신이 입는 옷은 취향과 판단을 거쳐 선택되어야 한다. 그냥 일 년에 한두 번 또는 몇 번 가게에 잠깐 가서 옷 한 벌 사 입는 것으로 충분하다고 생각하지 말기 바란다. 보석은 세팅을 잘했을 때 더욱 빛이 나는 법이다.

어떤 사람이 물었다.

"B씨는 요즘 유행하는 비싼 옷을 입는데도 왜 늘 옷을 못 입는 사람처럼 보이죠?"

그에 대한 답은 이랬다.

"B씨는 옷을 입는 게 아니라, 옷으로 몸을 덮을 뿐이에요!"

B씨처럼 옷을 입는 것이 아니라 옷으로 몸을 덮기만 하는 사람들을 우리는 종종 본다. 옷의 색깔, 스타일, 옷감이 그 옷을 입은 사람의 개성이나 기질과 맞지 않는 경우다. 알몸을 가리려고 생뚱맞은 옷을 헐레벌떡 걸친 것처럼 보인다. 또한 그렇게까지 볼썽사납게 옷을 입지는 않더라도 옷을 부분적으로만 갖춰 입는 사람들도 수두룩하다. 그런 사람들의 옷모양새는 어딘가 모르게 부주의함과 저급한 취향을 드러낸다.

수많은 사람들이 자기들은 옷을 잘 입을 형편이 못 된다고 단정짓는다. 그들은 몸에 잘 맞지 않고 어울리지 않는 옷을 입고 다니며, 쥐꼬리만 한 월급으로 좋은 옷을 사 입으며 여유 있게 살 수 있는 사람이 있겠는가 생각한다. 이런 사람들은 옷을 잘 입는다는 것이 반드시 비싼 옷을 입는 것만은 아님을 깨닫지 못하고 있다. 옷을 잘 입는다고 할 때 깔끔함과 단정함이 절반 이상의 비중을 차지한다. 다른 모든 일이 그렇듯이 의관을 갖출 때도 작고 사소한 것들이 중요하다. 깨끗한 옷깃, 세심하게 여민 스카프, 잘 닦은 구두가 셔츠의 품질이나 실크의 광택, 가죽구두의 결보다 우리의 개성을 더 잘 비추어준다. 옷차림에 관심을 갖고 신경을 쓰고 있음을 알려주는 지표는 옷감의 질보다는 본인에게 어울리는 옷을 입었는가 하는 점이다. 고급스런 모자를 쓰면서도 모자의 먼지를 털지 않고 다녀서 출세를 못하는 사람들이 많다. 진흙과 먼지로 덮인 구두는 좋은 품성을 반영할 수 없다. 옷을 잘 입는 것이 득이 된다는 점은 부인할 수 없는 사실이다. 좋은 옷을 사서 잘 관리하도록 하라.

가난한 축에 속해서 자기가 원하는 만큼 옷을 잘 입을 형편이 못되는 것이 약점이 될 수는 있다. 하지만 가능한 한 깔끔하고 어울리게 옷을 입겠다고 의식하는 것만으로도 몸가짐에 품위가 생기고 자신감을 갖게 될 것이다.

옷을 잘 입는 것은 대체로 좋은 취향을 갖느냐 그렇지 못하느냐의 문제다. 자기에게 어울리고 맞는 옷을 고를 줄 아는 감각이 있어야 한다. 옷에 대한 무관심이나 부주의함은 득이 되지 않으며, 좋은 인격이나 지성의 표지가 될 수도 없다. 오히려 그것은 자신을 소홀히 여기고 있다는 표시이며, 자기 자신에 대한 존중이나 타인에 대한 배려가 부족하다는 표시이기도 하다. 당신에게 맞고 어울리는 옷을 입는 것, 외모를 잘 가꾸는 것은 당신 자신에게뿐 아니라 타인에 대한 책임이기도 하다. 그렇게 할 때 스스로를 더욱 존중하게 될 것이고, 남들도 당신을 존중할 것이다.

· 열일곱 번째 수업 ·
삶의 균형을 지키는 습관

건강과 행복을 희생해서 얻은 성공이 무슨 소용이 있을까?

"엄청나게 비싼 이 차가 이따위 작은 문제로 못쓰게 될 줄은 몰랐어요."

한 부인이 고장 난 자기 차를 수리하기 위해 정비소에 들러서 한 말이다. 아무리 비싼 차도 별것 아닌 문제로 움직이지 못할 수 있다고 정비공이 설명했다.

어느 부분에서든 미소한 결함이 생기면 차는 문제를 일으킬 수 있고, 주의를 기울이지 않고 계속 사용할 경우 큰 손상을 입을 수도 있다. 휘발유를 제대로 주입하지 않았거나 나사 하나가 풀렸거나 기름이 새고 베어링이 과열되었거나 또는 어떤 사소한 부분이

제자리에 있지 않을 때 그 차는 완전히 못 쓰게 되지는 않아도 심각한 결함을 보일 것이다.

우리는 생명이 없는 기계가 이렇게 될 수 있다는 사실은 알면서도 기계와 비교할 수 없을 정도로 복잡한 인간은 여러 가지 문제가 생겨도 여전히 잘 움직이고 제 할 일을 다 할 것이라고 생각하는 경향이 있다. 게다가 우리는 차 주인이 차를 돌보는 것만큼도 몸을 돌보지 않는다. 그러면서 때때로 몸이 말을 듣지 않을 때 시간이 지나면 나아질 것이라고 스스로 진단해버린다.

한 젊은 친구가 나를 찾아와서 어떻게 하면 일을 성취할 능력과 힘을 키울 수 있는지 물었다. 그의 얼굴은 창백하고 수척했다. 왠지 모르게 에너지를 소진한 것처럼 보였다. 이 젊은이는 하루라도 빨리 성공하고 싶어 했지만, 내가 보기에 그는 잘못된 길을 가고 있었다. 그의 생활 방식은 건강에 치명적이라고 해도 과언이 아니었다. 낮에 열심히 일하고 밤에는 새벽 한두 시까지 공부를 한다고 했다. 그리고 바닥난 기운을 끌어올리기 위해 커피와 차를 너무 많이 마실 뿐만 아니라 각성제까지 복용하고 있었다.

다른 면에서는 똑똑한 사람들이 몸과 건강을 관리하는 데 있어서는 참으로 무지한 것을 보면 놀랍다. 직장인 가운데 자기 몸을 잘 관리하는 사람은 백 명 중 한 명이 채 안 된다. 마음과 몸을 새롭게 해주는 취미나 놀이, 운동과 더불어 기운을 충전할 즐거운 시간을 가지면서 몸에 윤활유를 넣어줘야 하는데 그러지 않는다. 지나치게 많이 먹거나 아니면 제대로 못 먹고 산다. 몸이 순조롭게 기능하기 위한 적절한 종류의 연료를 적절한 양으로 공급하지 않는 것이다.

소화 기관은 몸 안에 들어오는 온갖 잡다한 음식에 시달린다. 이 음식들은 계속해서 서로 부대끼고 급기야 온몸의 질서를 흐트러뜨린다. 이 와중에 다시 커피, 담배 또는 약을 몸에 밀어 넣는다. 이런 식으로 해서 순간적으로 몸이 각성될 수는 있다. 하지만 그것은 마치 지친 말에 채찍질을 가하는 것과 같다. 잠깐 동안은 효과가 있을 수 있지만, 몸에 아무것이나 채워 넣는 행위는 경제적으로 낭비일 뿐 아니라 건강에도 치명적이다.

프랭클린(Benjamin Franklin·미국의 정치가이자 발명가)은 "열에 아홉은 스스로 명을 단축시킨다."라고 말했다. 그의 말이 맞다. 사업을 하는 사람이든 직장인이든 상관없이 대다수의 사람들이 자기 수명을 상당히 단축시키고 있다. 위생을 챙기지 않고 건강에 관심을 두지 않은 결과다. 건강을 유지하는 것은 매우 단순한 일이지만, 사람들은 이를 등한시한다. 남녀노소 불문하고 많은 사람들이 에너지가 소진돼서 기운이 빠지고 왜소해진 상태에 빠져 있다.

그런 사람들은 뇌와 신경 조직의 저항력이 약해져서 폐렴이나 그다지 치명적이지도 않은 질병에 목숨을 잃는다. 불규칙한 생활로 인해 세포의 생명력이 소진되었기 때문이다.

물, 산림, 석탄과 철광 등 자연의 자원을 보존해야 한다는 얘기를 많이 한다. 하지만 사람의 건강, 활력, 잠재력, 생명력과 같은 인간 개인의 자원을 보존하는 일이야말로 그 무엇보다도 중요하다. 인간 자신의 자원처럼 함부로 소모되고 무분별하게 낭비되는 것도 없다.

사람의 몸은 뛰어난 엔진 역할을 하게 되어 있다. 우리는 열심히 노력하기만 하면 이 뛰어난 발전기로 많은 것들을 성취할 수 있다. 하지만 대체로 우리의 노력은 보잘것없고 부족한 점이 많다. 무슨 일이든 해낼 수 있을 만큼 팔팔하고 다부진 건강을 지녔다면 다를 것이다.

육체적·정신적 건강을 유지하는 것이 모든 성공의 기초다. 인생의 승자가 되고자 한다면 삶의 무대에서 최선을 다해야 한다. 어느 순간에는 일생일대의 싸움에도 나서야 한다. 이 싸움에서 이기기 위해서는 컨디션이 최고의 상태에 있어야 한다. 도전자의 공격을 꺾겠다는 각오를 다진 챔피언처럼 인생의 무대에 오를 만반의 준비를 해야 한다. 최상의 컨디션이 아닌 상태에서 뛰어나게 성공하기를 기대하는 것은 발전기들이 합선되거나 고장 나서 제 기능을 못하는데도 발전소를 돌려서 결국에는 더 큰 문제에 봉착하는 상황과 같다.

약자가 패하는 것이 생의 법칙이다. 자연은 약자에게 관대하지 않다. 신체적으로 상태가 좋지 않고 병약한 생명을 자연은 돌보지 않는다. 건강은 곧 자신감이며, 희망이다. 건강할 때 용기가 더욱 커진다. 무언가를 이루기 위해서는 믿음을 가져야 하는데, 건강은 삶의 포부와 사명에 대한 믿음을 갖게 한다. 건강은 더 큰 기회와 더 많은 가능성을 의미한다. 또한 건강은 능률, 성공, 행복이기도 하다. 나이가 많든 적든 건강을 지닌 사람은 젊은이다.

건강과 힘과 활력을 키우는 것은 성품과 정신력을 갈고 닦는 것과 마찬가지로 중요하다. 아무리 교양을 갖춘 사람이라도 활력이 없고 나누어줄 에너지가 없으며 약골 소리를 들을 만큼 활기가 없다면 다른 사람의 관심을 끌지 못한다. 나는 어떻게 하면 매력적인 사람이 될 수 있느냐는 질문을 자주 받는데, 그때마다 제일 먼저 건강한 몸을 만들라고 주문한다. 매력은 정신적인 것인 동시에 육체적인 것이기도 하기 때문이다. 매력을 키우는 데 있어 몸을 건강하게 돌보는 것만 한 방법은 없다. 몸이 약하고 활력이 없는 사람은 다른 사람을 끌어당기기 힘들다. 건강해야 기분이 좋아지고, 기분이 좋아야 다른 사람들 눈에도 좋아 보인다. 아픈 데도 미소를 짓거나 체력적으로 소진되어 기운이 없는데도 유쾌해 보이기는 어려운 일이다.

건강한 몸과 정신을 가진 사람은 예기치 않은 상황에 처해도 쉽게 꺾이지 않는다. 약한 사람들이 용기를 잃을 수 있는 일들도 수월하게 다룰 수 있는 힘을 갖게 된다.

물론 몸이 약하고 병약했지만 훌륭한 일을 해낸 사람들도 있다. 하지만 그들은 예외에 속했다. 바오로 성인, 파스칼(Blaiss Pascal·프랑스의 수학자이자 철학자), 넬슨 제독은 신체적 약점을 극복할 수 있는 위대한 영혼을 지닌 사람들이었다. 병약함도 그들이 지닌 불굴의 정신을 꺾지는 못했다. 하지만 대다수의 경우 건강한 이들이 성공을 이루었다. '건강한 신체에 건강한 정신이 깃든다.'라는 로마의 격언도 육체적·정신적 균형을 이룬 가장 이상적인 상태를 표현하고 있다.

훌륭한 인격을 가진 사람들에게서 발견되는 아름다운 자질들을 더욱 키워주는 것이 바로 건강과 활력과 생기 넘치는 정신력이다.

"위대한 인물이 지닌 성품의 매력은 자기의 힘을 다 드러내지 않는 데 있다. 사람들은 그의 이면에 숨겨진 힘이 느껴지기 때문에 그의 능력에 대해서도 신뢰하게 된다."

존 하울랜드(John Howland·미국의 소아과의사)가 한 말이다. 이처럼 겉으로 완전히 드러나지 않지만 누구나 느끼는 저변의 힘은 건강함에서 나온다.

'당신이 가진 장점을 생산성을 높이는 데 사용하라.'

누구나 마음에 새겨 마땅한 모토이지만, 이와 반대로 살아가는 사람이 얼마나 많은가? 오히려 많은 사람들이 자기의 약점과 약한 체력을 사용하고는 한다.

아침에 최고의 컨디션으로 직장에 출근해서 열정과 쾌활한 기운을 풍기고 매순간 최선을 다해 일하려고 하는 의욕을 발산할 수 있을 것이다. 반면에 후줄근한 몸과 정신으로 직장으로 향할 수도 있다. 좋지 않은 습관과 수면 부족으로 늘 머리가 무겁고 영양 부족이거나 과체중으로 몸의 균형이 깨져 있는 것이다. 이 두 태도는 하늘과 땅만큼 차이가 크다. 후자의 태도는 사람의 겉모습뿐 아니라 성격에도 심각한 영향을 미친다. 쾌활한 마음과 정신, 삶을 바라보는 낙관적인 시각은 육체가 건강할 때 자연스럽게 우러나온다. 반면 의기소침하고 무뚝뚝하며 우울한 성향을 가진 사람은 몸이 허약하고 기운이 없으며 뇌와 신경에 탁한 혈액이 돌고 있을 가능성이 크다. 건강한 젊은이는 스스로에 대한 희망과 자신감이 크고 성공에 대한 확신도 크다. 그런 젊은이는 몸이 골

골한 젊은이보다 더 담대하게 앞길을 준비할 수 있다.

블리스 카먼(Bliss Carman · 캐나다의 시인)은 말한다.

"꿈과 포부는 인간의 영혼이 지니는 자연스러운 욕구다. 하지만 우리 영혼이 활력을 얻는 원천은 영양과 위생이다."

현대에 이르러 질병의 종류도 많이 바뀌었다. 이제는 노령이나 숙환으로 죽는 일은 비교적 드물다. 소모성 질환보다 심장 발작이나 뇌졸중으로 사망하는 비율이 높아졌으며, 예고 없이 갑작스럽게 죽음을 맞는 일이 비일비재하다. 때문에 조급해하고 걱정하는 것이 현대인의 특성이 되었는데, 이 두 가지 마음의 습관은 건강의 가장 해로운 적이다.

'아침 시간을 아끼기 위해 밤에 아침을 먹는다.'는 농담도 생겨났다. 사람이 그만큼 어리석다. 우리는 아침을 급하게 먹고 음식을 다 씹기도 전에 차를 타러 달려간다. 몇 분만 기다리면 다음 기차를 안전하게 탈 수 있는데도 목숨을 걸고 달리는 기차에 올라탄다. 이렇게 서두른다고 해서 시간이 절약되는 것은 아니다. '급할수록 돌아가라.'라는 옛말은 진리다. "서두르세요." "빨리빨리."라는 구호에 따라 사는 사람들의 일상이 이를 입증한다. 마음이 조급한 사람은 약간만 자극을 받아도 긴장하고 성마르게 변한다. 미국인은 일도 식사도 느릿느릿하게 하고 오후에 차까지 마시는 영국인의 '느린' 생활 방식을 못마땅하게 여긴다. 하지만 이런 여유로운 생활이야말로 건강과 성공과 장수로 가는 길이다. 영국인이 서두르는 것은 좀처럼 보기 힘들며, 그들을 서두르게 만드는 것도 거의 불가능하다. 하지만 영국인이 하루에 처리하는 업무량은 서두르고 조급해하는 미국인에게 뒤지지 않으며, 게다가 힘을 덜 들이고 갈등도 덜 일으키면서 같은 양의 일을 해낸다. 페스티나 렌테(festina lente). '천천히 서두르라.'는 이 말은 직장인이 새겨야 할 좌우명이다.

식사를 급하게 해치우는 것은 우리 사회에 있어서 하나의 저주다. 대도시의 성인 남녀들은 점심을 먹으면서 쓰는 10~15분을 아까워한다. 비즈니스맨은 주식 시세표를 볼 수 있는 곳에서 점심을 먹는다. 조급함은 소화에 독이다. 여유롭게 식사를 하고 음식을 꼭꼭 씹는 습관을 들여야 한다.

식사를 하면서 기분 좋은 대화를 나누도록 하라. 일 얘기는 내려놓고, 뱃속에 들어가는 밥알 한 톨까지도 몸의 양분이 되게끔 식사를 하라. 또한 규칙적으로 식사하는 것이 중요하다. 위의 기능은 습관에 따라 형성된다. 특정한 시간에 규칙적으로 음식이 들어오는 것에 길들여지면 위는 음식을 만날 준비를 하고 시간에 맞추어 소화액을 분비하기 시작한다. 하지만 음식이 불규칙하게 들어오면 미리 준비를 할 수 없기 때문에 소화 흡수가 지체된다. 규칙적인 식사는 음식의 질 못지않게 건강의 균형을 유지하도록 돕는다.

'먹는 것을 보면 그 사람을 알 수 있다.'

자기 뱃속을 괴롭히는 사람은 오래 살거나 행복하게 살 거라고 기대해서는 안 된다. 소화시키는 일에 몸의 생명력을 다 써버렸으니 다른 방면에서 일을 성취할 힘이 남아 있지 않다. 볼테르(François-Marie Arouet·프랑스의 계몽주의 작가이자 사상가, Voltaire는 필명이다)는 한 나라의 운명이 수상이나 대통령이 얼마나 소화를 잘 시키느냐에 달려 있을 때가 많다고 단언했다. 모틀리(John Lothrop Motley·미국의 외교관이자 역사가)는 프랑스 왕 샤를 5세의 미각이 세계의 운명을 바꿔놓았다고 생각했다. 성공과 실패, 사회적 명망을 얻는 여부가 식습관에 달려 있다는 사실을 깨닫는 사람은 많지 않다.

약하고 기운 없는 육신의 뇌는 영양분을 충분히 공급받지 못한다. 영양을 제대로 공급받지 못한 뇌는 활력, 열정, 힘, 생기, 투지를 발산할 수 없다. 건강을 유지하고자 한다면 체계적으로 생활해야 한다. 먼저 먹는 것부터 챙기라.

골고루 적당히 먹으라. 대부분의 사람은 필요 이상의 양을 먹

무언가를 빨리 성취하겠다고 생명력을 당겨써서는 안 된다.
당장은 효과를 볼 수 있을지 모르지만,
결국에는 거위의 배를 가른 대가를 치르게 될 것이다.
건강은 모든 성공의 기초이자 바탕이다.

는데, 특히 주로 앉아서 일하는 사람들이 그러하다. 신체적 자극을 덜 느끼는 환경으로 인해 위에 집중적으로 자극을 가하는 잘못된 식습관에 길들여져 있기 때문이다.

"정신적인 노동과 몸의 체질에 맞는 양만큼만 먹어야 한다."

벤저민 프랭클린의 이 현명한 충고를 새겨들어야 한다. 많이 먹을수록 더 많이 자야 하고 그럴수록 몸은 더욱 무기력해진다. 그렇다고 극단적으로 금욕적일 필요는 없다. 음식의 양을 재거나 고기는 전혀 먹지 않고 곡물, 채소, 견과류, 채소만 먹는다거나 할 필요는 없다. 병적으로 육식을 금하고 채식만 추구하는 사람들의 성격이 어떠한지 살펴보라. 나는 그들의 행동이나 정신 상태에서 건강함을 엿본 적이 별로 없다. 우리가 소비하는 음식의 양과 질을 합리적으로 결정하는 것이 중요하다. 그리고 야외에서 많은 시간을 보낼수록 건강에 이롭다.

오스틴 플린트(Austin Flint·미국의 저명한 의사, 심장 연구의 선구자) 박사는 "나는 운동과 야외 활동이 그 어떤 치료보다도 중요하다고 생각한다."고 말했다. 단, 어떤 운동을 얼마만큼 할지를 정하는 것도 합리적이어야 한다. 지나친 운동은 몸을 튼튼하게 하기보다 오히려 지치게 만들기 때문이다.

쉽게 흥분하거나 허약한 사람들은 저녁 8시 이후에는 격한 운동을 삼가야 한다. 이런 사람들은 저녁에 체육관에서 운동을 하고 집에 와서는 잠자리에 누워 적어도 두 시간 이상 뒤척이며 잠을 이루지 못한다. 어떤 일에든 과하게 에너지를 쏟으면 체력을 비축할 수가 없다. 깊이 잠드는 것도 신체의 균형이 맞아야만 가능한 일이다.

잠은 건강의 중요한 요소이며 에너지를 회복시켜주는 매우 중요한 역할을 한다. 리드(Charles Reade·영국의 소설가)는 잠을 일컬어 '우리를 날마다 새롭게 창조하기 위해 하늘에서 내려온 생명의 간호사'라고 표현했다. 에드워드 영(Edward Young·영국의 시인)은 잠을 '지친 자연을 달콤하게 회복시켜주는 것'이라고 노래했고, 셰익스피어는 '헝클어진 근심의 실타래를 정돈하는 꿈'이라고 했다.

과거에 남자는 여섯 시간을 자야 하고, 여자는 일곱 시간 그리고 바보는 여덟 시간을 잔다고 했다. 하지만 인류의 오랜 경험과 상식에 비추어 볼 때 이런 틀은 깨진 지 오래다. 열심히 일할수록 질 좋고 많은 수면 시간을 필요로 한다. 남북전쟁의 영웅이자 미국의 18대 대통령인 그랜트는 하루에 적어도 아홉 시간을 자지 않으면 일을 할 수 없다고 말했다.

아침 출근 시간의 기차나 전차에서 충분히 숙면을 취한 밝고 초롱초롱하며 생기 있는 얼굴보다는 수면 부족으로 졸음에 겨운

흐리멍덩한 얼굴을 더 자주 보게 된다. 불면증이나 정신 이상도 장기간 지속된 수면 부족에 자연이 내리는 형벌이다. 불면증은 우울증을 동반하고, 지속될 경우 정신 이상이 따라올 수 있다. 규칙적인 시간에 잠자리에 들면 규칙적이고 편안한 수면으로 이어진다. 호러스 그릴리(Horace Greeley·미국의 신문 편집인이자 정치인)는 잠 잘 시간이 되면 더 이상 일이나 오락거리를 붙들지 않고 반드시 잠자리에 들었다. 뛰어난 인격자 중 한 사람인 노스클리프 경은 밤 아홉 시 반이면 꼭 잠자리에 들었고 다음날 여섯 반에 하루를 시작했다. 이들의 규칙적인 수면 시간은 삶의 에너지를 다른 데 낭비하지 않으려는 마음가짐에서 비롯된 것이다.

매우 많은 사람들이 일과 걱정거리를 잠자리까지 가지고 가서 양질의 수면을 좀먹는다. 하루의 활동으로 지친 몸과 마음을 쉬게 할 줄 모르고, 다음날 빠릿빠릿하게 움직이기 위해 필요한 숙면을 취하지 못한다. 직장에서 퇴근할 때는 몸뿐만 아니라 마음도 퇴근을 해야 하는데, 머리와 마음속에서 계속 일이 돌아간다. 글래드스턴(William Ewart Gladstone·영국의 정치인, 영국 총리에 4번 당선되었다)은 런던에서 벗어나자마자 정치와 업무를 내려놓을 줄 아는 놀라운 능력의 소유자였다. 그는 의회에서 있었던 논쟁에 대한 생각이나 걱정으로 단 5분도 잠을 설친 적이 없다고 말하고는 했다.

피로감은 자연이 주는 여러 가지 위험 신호들 중 하나다. 몸과 마음을 쥐어짜거나 어수선한 상태에서 성취한 것은 차라리 안 하니만 못하다.

자연은 우리 몸이 건강한 상태를 유지하도록 품어준다. 잠의 마취 상태에 들게 해서 우리 생의 3분의 1을 그 안에서 보내게 한다. 이 시간은 자연이 우리의 놀라운 신체 메커니즘을 정비하고 수선하는 시간이다. 자연은 매일 밤 약육강식의 세계에서 하루 종일 일하며 상처받고 지친 우리를 품는다. 뇌세포 하나하나가 생기를 얻고 새롭게 광을 낸다. 세포 조직에서 나온 모든 노폐물이 혈액 속으로 씻겨 들어간 다음 폐로 들어갔다가 호흡을 통해 몸 밖으로 빠져나간다. 그 결과, 아침이면 새로 태어난 것처럼 몸이 상쾌하고 가뿐해진다. 숙면을 취한 사람은 적극적으로 하루를 맞을 준비가 된 채로 잠자리에서 일어난다.

자연이 건강을 주는 대가로 우리에게 요구하는 것은 규칙적인 생활이다. 오늘밤에 내일 밤의 잠까지 미리 잘 수가 없고, 다음 끼니에 많이 못 먹을 것을 대비해서 미리 배를 채울 수도 없으며, 나중에 쉴 생각으로 밤낮으로 일해 녹초가 되어서도 안 된다. 자연은 약속된 시간 전에는 아무 일도 하지 않는다. 자연을 재촉하면 그 끝에는 어김없이 재난이 찾아온다. 자연은 우리가 정신적·도덕적·물리적으로 한 모든 일들을 기억하고 우리의 득과 실을 하나하나 구분한다. 자연을 속인다는 것은 불가능하다. 물론 우리가 자연의 법칙을 거스른다고 해서 그날 바로 배상 청구서가 날아오지는 않는다. 하지만 우리의 몸과 마음을 담보로 해서 지나치게 생명력을 빼내 쓸 경우, 자연은 반드시 그 담보권을 행사하고야 말 것이다. 자연은 오늘 우리가 원하는 것을 다 빌려주기는 하지만, 내일이면 《베니스의 상인》에 나오는 고리대금업자 샤일록처럼 우리의 목숨까지 요구할 것이다. 자연은 약하거나 무절제하거나 무지하다고 해서 봐주지 않는다. 인간에게 항상 최상의 컨디션을 유지할 것을 요구한다.

건강은 인간의 타고난 권리다. 입에 닿으면 먼지로 변하는 '소돔의 사과(apple of Sodom, 구약 성경에 등장하는 도시 소돔에서 자란 과실이다. 먹음직스럽지만 손을 대면 한 줌의 재로 변해버린다. 겉만 번지르르하고 실속은 없는 존재를 가리킬 때 쓰는 말이다)'같이 헛된 것을 얻으려고 건강을 내주지 말라. 정신이 온전하고 능률적으로 기능하려면 건강해야 한다. 건강은 의욕을 열 배로 키워주며, 창의력을 확장시켜주고, 열정과 자발성을 낳으며, 판단력과 분별력을 키워준다. 이런 사실을 염두에 둔다면 건강해지기 위해 부지런히 노력해야 마땅하다. 몸과 마음의 힘만큼 소중한 것은 없다. 끝으로 다음의 아라비아 속담을 가슴에 새기자.

'건강을 가진 자는 희망을 가지게 되고, 희망을 가진 자는 모든 것을 갖게 된다.'

• 열여덟 번째 수업 •
말을 잘한다는 것의 의미

어떻게 대화의 기술을
키울 수 있을까?

당신은 말을 잘하는 축에 속하는가, 아니면 말이 어눌한 편에 속하는가? 과연 말을 잘한다는 것의 의미는 무엇일까?

말을 잘해서 비교적 빨리 성공하는 사람들이 있다. 그런 사람은 타인의 관심을 끌고, 그로 인해 존재감이 커진다. 이들은 가진 능력에 비해 좋은 대우를 받는 것 같아서 말이 어눌하고 말재주가 없는 사람의 부러움을 사거나 시기의 대상이 되기도 한다. 비즈니스 사회가 아닌 자리에서도 말을 잘하는 사람은 주목을 받는다. 여럿이 모인 곳에서 조리 있고 흥미롭게 대화를 풀어가는 사람이 대부분 모임을 주도하기 마련이고, 그런 사람이 자연스럽게 리더 자리를 차지한다. 말을 잘 못하는 사람들은 이들이 가진 재능을 부러워하고, 자신이 달변을 타고나지 못했다는 사실을 불공평하다고 생각한다.

하지만 생각해볼 문제가 있다. 말재주가 뛰어나서 비즈니스 사회에서 부각되고 여러 공동체에서 리더를 맡는 사람들이 과연 '말만' 잘해서 중요한 역할을 맡는 것일까? 말을 잘한다는 것이 단순히 위트와 재치가 풍부하다는 점을 의미하지는 않는다. 주변 지인들 중에도 우스갯소리를 잘해서 자리를 즐겁게 만드는 이들이 있다. 이 사람들은 여럿이 함께 모인 자리에서 양념 구실을 하기 때문에 이들이 참석하지 않으면 자리가 밋밋해지고는 한다. 분명 이들은 말재주를 타고났고, 유머가 풍부한 집안에서 자라며 재미있게 말하는 방법을 터득한 것은 일종의 축복이다. 하지만 유머가 뛰어나고 재치가 있다고 해서 지역 공동체나 소모임에서 중요한 역할을 맡는 일은 드물다. 마찬가지로 회사에서도 말을 재미있게 한다고 해서 높은 자리에 오르는 것은 아니다. 어쭙잖은 말재주로 자신의 성과를 부풀리거나 남이 한 것을 자신의 공으로 돌려서 남보다 빨리 승진하는 직장인이 있을 수 있지만, 이들은 동료의 지지를 받지 못할 뿐 아니라 곧 가면이 벗겨지기 마련이어서 당장의 처세로 올라간 이상으로 추락하게 되어 있다. 말을 잘

한다는 것의 진실은 이것이다. 그 사람의 내적인 소양이 풍부하고 타인과 세상에 관심이 많으며 이쪽과 저쪽을 연결하는 소통과 가교 역할을 잘한다는 것이다.

어느 모로 보나 말을 잘한다는 것은 유리하다. 조리 있고 흥미롭게 대화를 풀어가지 못하고 주의를 끌어당기는 어투로 말하지 못하는 사람은 상대적으로 불리한 처지에 놓인다. 말이 어눌한 사람은 이러한 상황이 마음에 들지 않을 것이다. 하지만 달변을 타고나지 못해서 부당한 대우를 받는다고 불평하기보다는 대화의 기술을 습득하기 위해 노력하는 것이 보다 올바른 태도일 것이다.

당신이 그림을 그리든 조각을 하든 그 밖의 어떤 직업을 가졌건 간에 그 일을 하는 시간은 당신의 하루 중 일부일 뿐이다. 사람들이 당신의 그림이나 조각 작품을 보거나 당신의 노래를 듣는 일은 자주 일어나지 않는다. 사람들이 당신의 능력을 평가하고, 당신이 가진 특별한 재능을 알아볼 기회가 많지 않다는 뜻이다. 반면에 당신이 누군가와 대화를 나눌 때 당신의 온 존재가 밖으로 드러나게 된다. 물론 그 순간 드러나는 당신의 모습은 당신의 아주 작은 부분일 뿐이지만 상대방은 당신과 이야기를 나누면서 당신이 어떤 사람인지 재빨리 가늠한다. 당신의 대화는 당신이 가진 능력과 지성과 교양을 나타내는 척도가 된다.

이왕이면 흥미로운 대화가 어떤 것인지 탐구하면서 대화의 기술을 수준급으로 올리는 것이 어떨까? 독서와 관찰과 대화를 통해 교양을 키우는 것은 어떤가? 얘기를 잘하는 사람이 되기로 결심하고 여러 가지 방법을 동원해서 궁금한 것을 물어보고 지식을 흡수하면 어떨까? 그렇게 할 때 당신의 친구들이 어떻게 받아들일지, 당신의 만족감은 어떠할지, 당신의 사회생활에 어떤 도움이 될지 생각해보라.

대화를 잘 이끌어가는 사람을 두고 단순히 말재주가 뛰어날 뿐이라고 굳이 폄하하지 말고, 그런 사람이 되기 위해 노력하라. 이야기를 나누면서 상대방의 흥미와 관심을 끄는 것은 매우 귀중한 능력을 소유하는 것이다. 이런 능력은 타인에게 좋은 인상을 심어줄 뿐 아니라 친구를 사귀고 관계를 유지하는 데에도 큰 도움이 된다. 당신이 대화의 기술을 습득한다면 벽을 허물고 마음을 녹이게 되며 어느 누구와 함께 있더라도 흥미로운 사람으로 인식된다. 세상일이 놀라울 정도로 잘 풀린다. 더 많은 고객과 더 많은 일이 찾아온다. 하지만 당신과의 대화에서 교양과 품위를 찾아볼 수 없다면, 쓰는 어휘가 품위 없고 교양 있는 사람들과 어울린 티가 나지 않는다면, 사람들은 당신의 말뿐 아니라 당신이라는 사람 자체에 대해서 낮게 평가할 것이다.

당신과 오랜 시간 유대를 나눈 사람이 아니라면, 상대방은 당신에게서 드러나는 것으로 당신을 평가할 수밖에 없다. 당신의 외모, 매너, 대화 태도 등. 당신이 경박하고 상스럽게 얘기한다면 자연히 당신은 경박하고 상스런 사람 축에 들어가게 된다. 하는 말이 음탕하고 속되면 당신은 그런 사람으로 비쳐질 것이다. 누군가는 이렇게 말한다. "대화 수준을 높이는 것은 고상한 척하거나 아는 척하는 것이 아니다. 인간관계에서나 일에서 성공하기 위해서는 유쾌하게 잘 얘기하는 법을 배워서 타인의 흥미를 끌 수 있어야 한다."

타인과 대화를 잘 못하는 사람들은 이런 핑계를 대고는 한다.

"말 잘하는 사람은 선천적으로 그렇게 태어난 것이지 후천적으로 된 것이 아니잖아."

이 말이 맞다면 유능한 변호사와 의사, 사업가도 선천적인 것이지 후천적인 것이 아니라고 말할 수 있을 것이다. 물론 애쓰지 않아도 자기 생각을 아름다운 언어로 조리 있게 표현할 수 있는 드문 재능을 타고난 사람들도 있다. 하지만 그렇다고 해서 그런 천부적인 말재주를 타고나지 않은 사람들은 평생 대화에 서툴러야 한다는 법은 없다. 매력적인 인성과 태도, 공감하고 호응하는 능력, 인간관계와 상관관계를 알아차리는 민첩함, 이면의 뜻을 간파하는 예리함 등은 말을 잘하는 사람들이 가진 재능이다. 이런 재능을 가진 사람이 소수일지는 모르지만, 누구든지 끈기 있게 노력하면 대화를 잘하거나 편안하게 할 수 있는 능력을 키울 수 있다.

사람들과 대화를 나눌 때 순발력이 부족한 젊은이에게 롱펠로가 했던 조언을 들려주고 싶다.

"좋은 그림을 보게나. 자연의 풍경이면 더 좋고, 그렇지 않으면 캔버스에 그린 그림을 매일 감상해봐. 아니면 매일 좋은 음악 한 곡을 듣거나 좋은 시 한 편을 읽는 것도 좋아. 하루에 이삼십 분 정도는 그럴 여유가 있을 테니까. 일 년이 지나면 자네의 내면에 보석들이 빛나고 있는 걸 발견할 걸세. 자네도 깜짝 놀랄 만큼 환한 빛을 보게 될 거야."

말을 잘하기 위해서는 보통 책을 읽는 것이 도움이 된다. 대화의 기술에는 많은 자원을 동원해야 하는데, 경험이 부족하고 교양을 쌓지 않으면 그만큼 대화거리가 빈약할 수밖에 없다. 자기가 아는 범위 내에서 솔직하고 진솔하게 주고받는 대화야말로 가장 빛나는 대화다. 학식이 풍부하고 언변이 뛰어나서 모임을 주도하고 다른 사람의 이목을 끄는 사람의 능력이 부럽기는 해도 모든

말을 잘한다는 것은 여러모로 유리한 조건이 된다.
하지만 우리 모두가 달변가가 될 필요는 없다.
타인에 대한 관심을 드러내고 상대의 이야기에 귀 기울이는 것,
이것만으로도 얼마든지 훌륭한 대화를 끌어낼 수 있다.

사람이 그렇게 될 수는 없다. 그리고 내 쪽에서 말을 잘하는 것뿐만 아니라 상대의 이야기에 귀 기울이고 공감하는 것 역시 뛰어난 대화의 기술이라는 점을 명심하자. 타인과 세상을 향한 관심과 애정의 토대가 없는 대화는 반드시 한쪽을 피곤하게 만들게 된다.

예리한 관찰자와 지적인 독자와 삶의 보다 나은 의미에 관해 사색하는 철학자에게는 대화거리가 무궁무진하다. 당신이 보고 듣고 읽은 것들에 대해 얘기하는 연습을 하라. 하루 동안 있었던 재미있는 경험이나 무엇이든 당신의 열정과 흥미를 불러일으키는 것에 대해 이야기하는 연습을 해보라. 이 모든 것들이 당신의 삶을 더욱 풍요롭게 할 뿐만 아니라 훌륭한 대화의 재료가 되어줄 것이다.

• 열아홉 번째 수업 •
올바르게 꿈꾸고 정의롭게 성공하는 길

당신이 가진 야망과 꿈은 과연 정당한 것인가?

무언가를 해내겠다는 원대한 포부 없이 이루어지는 성공은 없다. 야망은 모든 성취의 출발점이자 원동력이다. 성공하는 사람과 그럭저럭 일하는 사람, 능력자와 무능력자의 차이가 여기에 있다. 당신이 어떤 일을 하고 어떤 사람이 되며 무엇을 성취하느냐는 대체로 당신이 가진 야망의 크기에 달려 있다. 당신의 야망이 약하다면 당신의 용기와 추진력, 실행 능력도 약할 것이다.

만일 당신의 야망이 변화하는 모습을 줄곧 관찰할 수 있다면 때때로 야망이 현저히 줄어드는 것을 보기도 할 텐데, 특히 부정적인 생각이 들 때나 걱정과 우울, 좌절감에 젖어 있을 때는 여지

없이 그렇게 되어 있을 것이다. 인생에서 성공하고 최상의 고지에 도달하고자 한다면 자신의 야망을 잘 지켜봐야 한다. 값을 매길 수 없는 귀한 보석을 지키듯이 야망을 지켜야 한다. 미래에 이루게 될 모든 성취의 양과 질이 야망에 달려 있기 때문이다. 야망이 굳건하고 가치 있는 한 가치 있는 일을 하게 될 것이다. 야망이 약하면 비전이 흐려지고 정신적으로나 육체적으로 퇴보하게 되며 결국 돌이킬 수 없는 결과에 이르게 된다.

공원 벤치에서 누추한 행색으로 할 일 없이 빈둥거리는 중년이나 노년의 사람들에게서 희망을 잃은 실패자의 모습을 보고는 한다. 하지만 그들에게도 한때는 당신만큼이나 성공하고 싶은 야망이 있었고 지금의 당신만큼 외모에 대한 자부심을 가지고 살았을 수 있다는 사실을 기억해야 한다. 그들은 아마도 야망이 약해지고 열정이 식어가며 목표가 흐려지는 것을 내버려두었을 것이다. 그러한 퇴보는 아주 서서히 미묘하게 진행되어 어느새 지금의 상태에 이르렀을 것이다. 그들의 행색이 초라한 것은 단지 나이가 들었기 때문이 아니다. 젊은 날의 야망과 꿈을 잃은 순간, 그들은 급격한 노화를 맞게 된 것이다.

젊은 날의 꿈을 이룬 사람이 얼마나 적은가! 지금 당신이 처한 상황을, 당신의 집과 가족과 이룬 것들을 어렸을 때 꾸었던 꿈과 비교해보라. 당신이 꿈꾸었던 것에 비하면 지금 이룬 것들은 참으로 평범할 것이다. 대단한 사람이 되어 세상에서 한자리를 차지할 것이라고 어릴 때는 확신했을 것이다. 모든 중요한 일들을 처리할 수 있고 명예롭고 신뢰받는 위치에 있을 것이라고 믿었을 것이다. 하지만 지금 당신은 세상의 많은 사람들과 마찬가지로 평범한 시민이 되어 있다. 당신의 운명은 왜 이토록 불만족스러운 것일까? 당신에게 삶은 왜 이리 실망스러운 것일까? 왜 한때 꿈꾸었고 기대했던 것처럼 대단한 사람으로 살고 있지 못한 것일까? 예전의 야망은 어디로 간 것일까? 어릴 때의 꿈은 어떻게 된 것일까? 무엇이 젊은 날의 포부와 결심을 식게 만들었을까? 어쩌다가 불꽃은 사그라지고, 타다 만 불씨만 남았는가?

브라우닝(Elizabeth Barrett Browning·영국의 시인)은 말했다.

"인간은 성장하도록 만들어졌지, 멈추어 있도록 만들어지지 않았다."

성장하는 데서 오는 즐거움은 삶의 가장 큰 기쁨이다. 성장을 의식하고 창의력이 점점 발전해가는 느낌은 다른 어떤 것에서도 맛볼 수 없는 만족감을 주며, 이런 만족감은 오래간다. 우리는 정체해 있도록 창조된 것이 아니라 발전하도록 창조되었다. 우리 스스로를 최대한 발현하고자 한다면 '성장'을 삶의 모토로 삼아야 한다.

내 경험에 비추어볼 때, 삶에서 실패하는 대부분의 이유는 올바른 야망을 세우지 못했고 보다 큰 삶과 큰 성공을 얻기 위해 그에 맞는 대가를 치르려는 의지가 부족해서다. 대부분의 사람이 택하는 쉬운 길은 그 어느 곳에도 이르지 못한다.

많은 사람이 최고의 야망을 품기 위해 노력하는 것을 불필요하게 여기는 것 같다. 야망은 저절로 생겨나는 것이며 굳이 가꾸거나 돌볼 필요가 없다고 생각한다. 그런 사람들이 머지않아 야망을 잃어버리게 되거나 포부와 야망이 보잘것없는 수준으로 쪼그라드는 것은 당연한 일이다.

야망이 줄어들고 이상이 희미해지며 비전이 흐릿해지다가 어느덧 사라지도록 내버려두는 것이란 얼마나 쉬운가! 우리가 어떤 자질을 가꾸고 키우듯이 야망도 가꾸어야 한다. 단지 꿈만 꾸는 것이 아니라 보다 큰일을 해내기 위해 애써 노력함으로써 야망을 실천해야 한다.

야망에 찬 사람이 한 가지 경계해야 할 일은 작은 일에 성공하고 난 뒤 더 이상의 노력을 기울이지 않아 성장이 멈추게 되는 상황이다. 일반적으로 우리는 야망을 성취하려고 애쓰고 일을 완수할 수 있다는 것을 자신과 타인에게 입증해 보이기 위해 노력할 때 최선을 다하게 된다. 때문에 틀에 박힌 생활에 빠지지 않도록 하는 것이 중요하다. 편안함과 안락함을 추구하고 매일 반복되는 습관적인 삶에 익숙해지면 같은 길만 걷게 된다. 하지만 우리는 더 나은 길을 찾고 더 크고 멋진 일을 할 수 있다.

틀에 박힌 삶에 안주하는 것만큼 야망을 마비시키고 열망을 병들게 하며 미래를 죽이는 일은 없다. 틀에 박힌 삶을 사는 사람은 절대로 성장할 수 없다. 날이 갈수록 점점 더 작아지고 쪼그라들 뿐이다.

틀에 박힌 삶을 살면서도 거기에서 빠져나올 생각을 하지 않는 사람이 수두룩하다. 현재의 생활 습관이 최선이 아니라는 사실을 잘 알면서도 버리지 못한다. 그런 사람은 삶이 만족스럽지 않고 행복하지 않다. 일도 힘들고 따분할 뿐이다. 그러면서도 날이 가고 해가 바뀌어도 마음에 드는 일을 찾으려는 노력은 하지 않고 그냥저냥 버틴다. 더 큰 일에 도전해야 한다는 것을 알면서도 하찮은 일에 머물러 있는 자신을 의식하면서 늘 후회만 하는 사람들을 어디에서나 본다. "그때 생각했던 그 일을 시도했더라면 좋았을 텐데."라고 그들은 말한다.

우리는 무엇을 해야 할지 잘 알면서도 시작을 미루며 우리 자신을 속이고는 한다. 일을 미룰 핑계를 머릿속으로 생각하면서 스스로에게 최면을 건다. 조금 더 경험을 쌓아야 할 것 같다, 자금이 조금 더 필요하다, 조금 더 적당한 때를 기다려야 한다, 여건이 좋아지거나 아이들이 조금 더 자라고 편안해졌을 때 시작하겠다……. 이런 핑계들은 끝이 없다.

대부분의 사람은 만성적인 자기 최면 상태로 살고 있다. 자기 뜻에 맞추려고 이런저런 이유를 찾아내 합리화한다. 하지만 사실 대부분의 사람이 하고자 하고 해야만 하는 일을 실천에 옮기지 않는 진짜 이유는 순전히 게으름 때문이다. 대부분의 사람이 인정하고 싶어 하지 않지만, 정확한 이유는 게으름이다. 우리는 애써 무언가를 하고 싶어 하지 않는다. 더 일을 하고 더 신경 쓰고 더 책임지고 싶어 하지 않는다. 하고자 한다면 큰 몫을 얻을 수 있는데도 그만한 대가를 치르고 싶지 않아서 작은 몫을 택한다. 많은 사람이 삶에서 실패하는 이유는 야망이 잠들었기 때문이다. 그들의 내면 깊은 곳이 깨어나지 않았기 때문이다.

야망을 일깨우기 위해서는 자극과 격려가 필요하다. 그래서 우리의 성장 가능성을 열어줄 모델을 필요로 한다. 우리 자신을 찾도록 도와주고 우리의 재능과 열망을 실현하도록 이끄는 사람이야말로 세상에서 가장 유익한 존재들이다. 에머슨은 우리 각자가 가장 필요로 하는 것은 우리가 할 수 있는 일을 하게끔 해주는 사람이라고 했다. 우리의 재능을 발휘하도록 만드는 사람, 우리의 잠재력을 최대한 실현하도록 자극하는 사람은 사회에 가장 도움이 되는 존재다.

이제 막 사회에 발을 내딛은 젊은이여, 야망을 일깨워줄 환경에 몸담기 위해 노력하라. 당신의 열정과 야망을 자극하고 하루하루 더욱 더 최선을 다하도록 격려하는 환경을 찾아가라. 특히 당신의 분야에서 성공한 사람들과 가까이하라. 무언가를 해내려 하고 두각을 나타내려고 노력하는 사람들, 원대한 꿈과 목표를 가진 사람들과 가까이하며 성공의 물살에 머무르라. 당신이 처한 환경의 정신적인 기류가 당신에게도 스며들 것이다. '늑대와 살면 늑대처럼 울게 된다.'라는 속담이 있다. 집단적 이기주의와 부도덕이 팽배한 조직이 있다. 이런 조직일수록 겉보기에는 더 번듯하다. 당장의 지위와 이익에 얽매이지 말고 과감하게 그곳에서 벗어나라. 그렇지 않으면 결국에는 당신의 원대한 포부와 야망이 꺾이고 그저 그런 삶에 만족하며 살게 될 뿐이다. 야망을 자극하는 환경에서 야망을 실천하는 사람들과 함께하면 당신의 야망도 깨어날 것이다. 용기와 힘을 얻고 들뜬 기분을 느낄 것이고 성공 가능성도 훨씬 커질 것이다.

사회 초년생일 때 내가 지닌 약점을 악용하지 않고 강점을 끌어내주는 자리에 있을 수 있다면 더없이 좋은 일이다. 중간 정도 하거나 웬만큼 잘하는 것이 아니라 최선을 다하겠다는 열망을 가지고 있다면, 당신의 강점을 끌어내주는 위치에 있는 것이 큰 차이를 만들 것이다. 우람한 참나무가 자랄 수 있는 곳에 좋은 품종의 도토리를 심는 것이 중요하듯, 적합하고 정당한 환경에 놓이는 것이 모든 것을 좌우한다. 참나무의 모든 가능성은 도토리 한 알에 다 들어 있지만, 토양의 성분과 질, 풍토와 기후가 결과를 바꾼다. 해가 잘 나지 않거나 응달진 곳에 도토리를 심거나, 토질이나 기후가 맞지 않으면 아무리 품종이 좋은 도토리라도 성장에 방해를 받을 것이고, 자라다 말거나 원래 자랄 수 있는 만큼 자라지 못할 것이다. 도토리가 가진 가능성을 최대한 키워낼 수 있는 적합한 토양과 기후, 그 외의 적합한 물리적 여건을 확보하는 것은 대단히 중요하다. 타인의 야망으로부터 자극을 받아 일을 성취하는 사람이 많다. 자기보다 더 큰 일을 해내는 사람들과 접하면서 자신도 더 큰 일을 할 수 있게 되는 것이다.

"나라고 못하라는 법이 있어?"라고 자문하게 만드는 일이 있다면, 그것은 무척이나 유익한 일이다. 다른 사람의 뛰어난 업적에 대한 이야기나 불가능을 극복하고 성공한 사람들의 인생담을 읽었을 때 스스로에게 이 질문을 할 수 있고, 야망을 일으키는 환

내가 품은 포부와 야망이 나를 올바른 방향으로
이끌고 있는지 살피고 가꾸어야 한다.
처음에 가졌던 꿈은 쉽게 변질될 수 있기에
당신을 전혀 엉뚱한 곳으로 데려갈 수도 있다.

경에 속하면서 역동적인 삶을 사는 사람들과 접했을 때도 이 질문을 할 수 있다. 나라는 존재의 가장 깊은 곳을 일깨우는 것, 나의 야망을 어루만지는 것, 열망을 품게 하는 것, 무언가를 하겠다고 결심하게 만드는 것, 이런 경험들은 우리에게 든든한 아군이 된다.

에머슨은 이렇게 말했다.

"활력 있는 어떤 사람에 대한 이야기나 누군가가 무언가를 당차게 해냈다는 이야기를 들으면, 나 역시 새로운 각오를 다지게 된다."

당연한 이야기다. 활력은 전염되기 때문이다. 우리 모두는 야망을 불러일으키는 힘에 민감하게 반응한다. 우리는 쉽게 감동하며, 영웅적인 행동이나 업적을 보거나 들을 때면 그런 감동적인 모범을 따라야겠다는 다짐을 한다. 남다른 성공담에 대한 글을 읽을 때에는 '나도 저렇게 할 수 있어. 적어도 지금까지 내가 했던 것보다는 훨씬 큰 일을 할 수 있어.'라고 내면에서 속삭이는 소리가 들린다. 하지만 이런 순간적인 열정이 수그러들면 이전의 미지근한 태도로 다시 돌아가고는 한다. 특히 주변 환경이 우리에게 최선을 다하도록 지속적으로 자극을 주지 않을 때 그러하다.

훌륭한 경력을 쌓은 사람들의 공통된 비결은 열망하는 목표를 향해 제대로 시작하고 바른 방향으로 나아가는 것, 그리고 무언가를 시작하겠다는 용기를 갖고 거기에 과감히 전념했다는 점이다.

많은 사람이 겪는 가장 큰 장해는 일에 전념하는 마음이 식어 있다는 점이다. 그런 상태에서 이룬 성공은 그저 그런 성공일 수밖에 없다. 지금처럼 경쟁이 치열한 시대에 성공하는 사람, 뭔가 남다른 일을 성취하는 사람, 남보다 뛰어난 사람이 되려면 자기를 내던져야 한다. 열정을 다해 자기의 온 존재를 목표에 쏟아부어야 한다. 괄목할 만한 성공을 거두기 위해서는 이 길밖에 없다. 기꺼이 위험을 감수하고 대가를 치를 용의가 있어야 한다. 하는 일이 소박할지라도 스스로 천직이라고 여기는 그 일에 기꺼이 헌신할 용의가 있어야 한다. 그 일에 있어서 장인이 되고 예술가가 되어야 한다.

그러나 명심해야 할 것이 있다. 이기적인 탐욕을 야망으로 착각해서는 안 된다. 돈을 벌려는 욕심이 갈수록 커진다면 이면의 동기를 살펴볼 필요가 있다. 스스로 야망이라고 생각했던 꿈과 포부에 실은 이기적인 마음이 더 크게 도사리고 있었다는 사실을 깨닫고 놀랄 수도 있다. 만일 당신의 계획이 이 세상에 헌신하고 여러 사람과 과실을 나누며 밝은 에너지를 전달하는 정의로운 일에 어긋난다면, 잘못된 길을 가고 있음을 알아야 한다.

돈을 벌려고 아둥바둥하는 사람은 원래 지녔던 야망의 색깔이 심각하게 변질되고 있다는 것을 점차적으로 알게 되지만 애써 무시한다. 많은 사람이 젊었을 때 설계한 초심으로부터 너무 멀어져서 더 이상 그 마음을 인식하지 못하고 있다. 젊었을 때 그들은 높은 이상과 목표를 가지고 있었고 돈을 벌면 타인을 돕겠다는 결심을 하고 삶을 향해 나아갔다. 돈을 버는 것은 여러 목표들 중의 하나였고 큰일을 하기 위한 수단이었으며 성공을 거듭하는 과정에서 따라오는 부수적인 결과일 뿐이었다. 하지만 돈을 가졌을 때 돈이 사람을 지배하고 그 사람의 이상을 변질시키는 마력은 얼마나 강력한가! 큰 집으로 이사를 한 순간, 높은 수익을 올린 어느 때, 더 큰 집과 더 많은 돈을 머릿속에 그리는 것이 인간의 나약한 본성이다. 이 나약한 본성을 이기지 못하면 진정한 삶의 성공을 누릴 수 없다. 우리의 삶에 수준 높은 고양감과 만족감을 채워주는 것은 절대로 큰 집이나 돈이 해줄 수 있는 일이 아니다.

많은 사람이 야망, 갈망 혹은 포부라 부르는 것을 순전히 개인적인 문제로만 여긴다. 앞을 향해 나아가게 하는 야망이 자기 외의 것들과는 전혀 상관이 없으며, 우주의 큰 계획과도 무관하다고 생각한다. 하지만 친구여, 끊임없이 당신의 가치를 끌어올리는 당신 안의 이 갈망은 우주의 법칙 안에 있다. 신으로부터 오는 이 갈망은 모든 피조물 안에 있다. 당신이 지닌 정당한 야망은 우주가 세운 계획의 일부다. 당신은 이 갈망을 성취할 수 있으며, 그 일이 정상적인 방식으로 이루어질 때 모든 인류에게 이익이 되고 세상을 더 나은 곳으로 만들게 될 것이다. 반대로 이 갈망을 오로지 이기적인 야망으로 왜곡되게 사용할 수도 있다. 그렇게 할 때 그것은 이 세상뿐 아니라 당신에게도 축복이 아니라 저주가 될 것이다.

당신이 행하는 모든 행동과 일은 더 높은 곳으로 올라가는 디딤돌이 되어야 한다. 그렇지 않으면 제대로 성장하고 있지 않은 것이다. '더 높이, 더 멀리'를 모토로 삼아야 하며, 높이 오르지 않은 채 멀리 나아가려는 욕심은 버려야 한다. 성숙한 인간이 되어가는 것, 그렇게 함으로써 나의 진정한 가치의 폭을 넓히는 것, 진실성을 키우는 것이 진정으로 올라가는 것이다. 그럴 때 일은 저절로 풀릴 것이다. 높이 올라가면 멀리 나아가게 되지만, 멀리 가려고만 하면 높이 오를 수 없을 것이다.

• 스무 번째 수업 •
능률적인 삶을 만드는 방법

일에서 성공하기보다는
인생에서 성공하는 것을 택하라

최근 들어 직장에서든 학교에서든 사회 전반에 걸쳐 '능률'과 '효율'을 강조한다. 그런데 능률을 이야기할 때 일의 생산량을 늘리는 것에만 지나치게 초점을 두는 경향이 있다. 인간의 힘으로 하는 일이든 기계의 도움으로 하는 일이든 더 빠르고 간단하게 경제적 효율을 높이며 생산량을 증가시키는 것이 오늘날 주로 이야기하는 능률의 개념이다.

그런데 일의 능률보다 몇 배나 중요한 '삶의 능률'에 대해서는 거의 논하지 않는다. 기껏 한다는 이야기가 대학에 진학한 사람은 공부하는 데 많은 시간을 쓰지만 졸업과 동시에 고소득 직군에 속하기 때문에 결과적으로는 대학에 진학하지 않은 사람보다 이득이라는 따위다. 그런 이야기를 하는 사람은 수익 여부로 삶의 질을 따지는 어리석음을 스스로 드러내는 것뿐이다. 최상의 삶이란 그런 것이 아니다. 얼마나 가치 있게 사느냐가 삶의 질을 좌우한다.

일은 능률적으로 하면서도 삶의 능률에서는 완전히 엉망일 수 있다. 많은 돈을 벌고 회사에서도 인정을 받지만 그 사람의 사생활이 추하고 비열할 수도 있다. 반대로 말하면 악랄한 사람도 얼마든지 일에서는 능률적일 수 있다는 뜻이다. 그리고 이런 사람일수록 타인을 짓밟음으로써 스스로의 위치와 속된 성공을 드러내며 자부심에 도취되고 싶어 하는 경향이 강하다.

내 친구 한 명은 업무적인 면에서는 아주 능률적이다. 그런데 자기 사업을 하는 데 쓰는 에너지보다 사소한 문제들에 대해 고민하고 마음 졸이며 소모하는 에너지가 더 많다. 그는 성격상 갈등을 견디지 못한다. 어떤 일을 하더라도 때때로 문제가 생기기 마련인데, 그는 무언가 잘못되어간다 싶으면 문제를 바로잡을 때까지 몹시 스트레스를 받으며 지낸다. 때문에 그는 평온하거나 행복한 상태일 때가 거의 없다. 늘 어떤 문제가 그의 평온을 헤집는다. 그래서 만날 때마다 그 친구는 항상 얼굴을 찡그리고 있다. 얼굴 표정만 봐도 무언가 문제를 겪고 있다는 사실을 훤히 알 수 있다. 그는 일이 생각대로 잘 풀리지 않을 때 사람들과 잘 지내는 기술을 배우지 못했다. 주변에 아무런 갈등이 없어야 속이 편하다. 마치 민감한 수신기마냥 불화의 기류와 언짢은 말을 차단해버린다.

일은 더할 수 없이 능률적으로 해내면서 생각과 습관 등 개인적인 생활은 그렇지 못할 경우, 귀중한 세월을 그냥 버리는 꼴이다. 일에서의 성공은 삶의 성공을 이루는 아주 작은 부분일 뿐이다. 우리는 삶에서 성공하기 위해 태어났지, 일에서 성공하기 위해 태어난 것이 아니다. 우리의 존재 이유는 성숙한 인간으로 성장하는 것이다. 돈도 중요하고 일도 중요하지만, 사람과 삶은 전부다.

돈은 잘 벌지만 형편없는 사람이 허다하다. 직업에서는 성공했지만 사생활이나 인격 면에서 실패한 사람들이 너무 많다. 안타깝게도 내가 아는 사람들 가운데 사업이나 업무를 아주 체계적으로 하면서 사생활까지 정돈된 삶을 사는 이는 많지 않다. 대부분이 이상이 낮고 나쁜 습관이 몸에 배었으며 잘못된 길을 가고 있다는 걸 알면서도 인정하려 하지 않는다.

어떤 사업의 자본 수익률이 15퍼센트에 불과하다면 그 사업은 곧 망할 것이다. 그런데 수많은 사람들의 삶의 능률이 15퍼센트에 미치지 못한다. 개인적인 삶을 영위하는 데 수반되는 정신적·신체적 자산을 사업할 때와 같이 능률적인 방식으로 적용한다면 삶에 큰 변화가 찾아올 것이다.

쥐꼬리만 한 급여를 받고 일하면서 왜 자신은 출세하지 못하는지 모르는 젊은이가 얼마나 많은가. 그들은 더 나은 위치로 나아가지 못하는 데 대한 불만과 실망 속에서 지낸다. 그들은 자신의 무지함이 발목을 잡고 있다는 사실을 알지 못한다. 아주 일반적인 것에 관해 단순한 질문을 받아도 "모르겠는데요. 꼭 알아야 합니까?"라고 되묻기 일쑤이며, 질문을 받는 상황 자체를 부담스러워한다.

지식을 갖춘 총기 있고 민첩한 정신만큼 사람의 능력과 만족감을 키워주는 것은 없다. 그러나 많은 사람이 지식의 힘을, 교육의 엄청난 이점을 깨닫지 못한다. 소위 고학력자라는 젊은이들 중에도 무지한 이가 적지 않다.

사람은 자기가 열등한 위치에 있는 것에 대해 온갖 이유로 스스로를 합리화하려는 유혹을 느낀다. 다른 사람에게 주어진 기회가 자신에게는 찾아오지 않았다느니, 이기적인 고용주 때문에 기를 펼 수 없다거나 제대로 인정받지 못한다느니, 보다 젊었을 때 제대로 교육받을 기회가 없었다는 등. 그런데 이처럼 핑계를 대는 사람들과 대화를 해보면 어휘 능력이 한심할 정도로 빈약하다는 사실을 알게 된다. 무엇보다 안타까운 점은 도덕적 수준이나 교양이 부족하다는 점이다.

당신이 무지하거나 능력을 개발하지 못한 채로 있어야 할 이유가 있는가? 가정 형편 때문에 감수성이 예민한 시절을 지나기도 전에 학교를 그만두어야 했을 수도 있다. 하지만 하고자 하는 마음만 있다면, 그래서 지금이라도 틈틈이 공부를 한다면 그때보다 더 많은 것을 학습할 수 있을 것이다. 공부하기에는 너무 늦은 나이가 아니냐고 묻는다면, 이렇게 답하고 싶다. "그렇다면 살기에도 늦은 나이다!" 독학은 배우고자 하는 열의를 동반하기 때문에 최고의 공부 방법이다. 왠지 억눌려 있는 기분이 든다면 맨 먼저 할 일은 자기를 분석하고 스스로를 일깨우는 것이다. 깨어나야 한다!

능력을 잘 발휘하는 직원은 맡은 직책이 무엇이든 그 직책의 품위와 중요성을 상승시킨다. 속기사나 점원 중에도 독서와 공부와 관찰을 통해 지식을 넓혀서 자기 능력을 두 배, 네 배로 키우고 더 많은 수입을 올리며 자신의 여건을 멋지게 변화시키는 사람들이 많다. 반면에 어떤 직장인들은 신문이나 잡지도 읽지 않고 시사 문제에 대해서 무지하다. 이런 사람은 어디서 주워들은 남의 이야기를 마치 자기 생각인 양 떠벌리고 다닌다. 게다가 정보나 지식을 얻거나 생각의 폭을 넓히기 위해 책을 읽을 생각을 아예 하지 않는다. 오히려 책 안 읽는 것을 무슨 신념인 양 떳떳하게 드러낸다. 이런 사람의 경우 도덕적 관념도 쉽게 망가질 수 있다면, 그게 이상한 일이겠는가?

체계적이고 꾸준하게 그리고 열심히 자기 계발을 위해 노력한다면 단 일 년만에도 처지를 멋지게 변화시킬 수 있다. 야간 학교와 훌륭한 시설의 도서관, 신문과 수많은 간행물들이 출간되는 요즘 같은 시대에는 누구나 알아야 할 상식에 대해 모른다는 핑계를 댈 수 없다. 수많은 젊은이들이 통신 학교나 야간 학교에서 공부하거나 독학을 통해 몇 년 전만 해도 미래가 없어 보였던 일상의 틀에서 벗어나고 있다. 공공 도서관에서 무료로 빌려 볼 수 있는 책을 펼치거나 강연을 접하면 머지않아 정신세계가 놀라울 정도로 넓어지는 것을 경험할 것이다.

그리고 자신에게 투자할 수 있는 돈을 은행에 묻어두지 말라. 예컨대 여행을 하는 것은 단순히 돈을 모으는 것보다 훨씬 좋은 투자다. 당신의 내면을 더 크고 넓게, 더 품위 있게 만들어줄 자기 계발의 시간은 절대로 사라지지 않을 부유함에 투자하는 것과 마찬가지다. 은행에 저축하거나 주식이나 채권 또는 다른 자산에 투자하는 돈은 당신 자신에게 투자하는 것에 비하면 무가치한 것이나 마찬가지다.

한 백만장자가 제대로 된 교육을 받을 수만 있다면 재산의 절반 이상을 내놓겠다고 나에게 말한 적이 있다. 그는 어렸을 때 노예처럼 일하며 오로지 돈 버는 일에만 집중했던 것이 인생의 가장 큰 실수였다고 말했다. 자신에게 투자하지 않고 돈 버는 기계로만 살아온 삶을 깊이 후회했다.

상당한 부를 이루었지만 돈벌이 외에는 무지한 사람들을 자주 본다. 공개석상에서 꿔다 놓은 보릿자루처럼 있는 사람들이 얼마나 많은가. 입을 열면 무지하고 교양 없는 사람임이 드러나기 때문이다. 자기가 하는 일과 관련된 분야가 아니면 적절하게 대화를 주고받지 못하는 사람들이 수두룩하다.

자연사(自然史)에 관해서라면 탁월한 지식을 갖춘 박물학자를 알고 있는데, 그는 문장력과 맞춤법이 엉망이어서 자신의 능력을 제대로 발휘하지 못하고 있다. 그는 자기가 연구하고 발견한 것들을 지적으로 기술하거나 자료로 만들지 못했다. 때문에 그의 연구 결과들은 세상의 빛을 보지 못하고 묻혀버렸다. 그는 자신이 최고의 박물학자라고 자부하면서도 자기 인생이 실패에 가깝다는 사실을 인정한다. 하지만 지금이라도 마음만 먹으면 이 무지의 장애를 훌륭하게 극복할 수 있을 것이다.

재능이 뛰어난데도 공부가 짧아서, 또는 사소한 기술적인 훈련이 되어 있지 않아서 재능을 발휘하지 못하는 사람들을 어디에서나 본다. 수많은 사람들이 공부를 제대로 하지 않았거나 기술적인 훈련을 받지 못해서 천재적인 창의성을 활용하지 못한다. 이 얼마나 안타까운 낭비이며 세상에는 얼마나 큰 손실인가!

비싼 옷과 보석으로, 또는 집안을 번지르르하게 채운 가구와 장식물로 자신의 무식함을 감추고 부족한 교양을 메우려는 사람들이 우리 주변에는 수두룩하다. 최근에도 한 유명한 연회장에서 자기의 무식함을 가리려고 비싼 옷과 큰 다이아몬드를 걸치고 나온 남성을 만났다. 마치 돼지 코에 걸려 있는 보석을 보는 듯했다. 그의 그런 모습은 배운 것이 없고 교양이 부족함을 오히려 두드러져 보이게 했다.

자기 일터인 회사나 공장에서는 거물급이고 자기 분야에서는 알아주는 왕이지만, 그 밖에 다른 데서는 한없이 작아지는 사람들이 많다. 그런 사람들은 평생 실익만 추구한 사람들이다. 삶의 창의적인 면, 보다 품격 있는 삶의 풍요로움에 대해서는 잘 알지 못한다. 말하자면 자기 자신을 일에다 다 소진하면서, 자기 계발과 최고의 인격을 쌓는 데 헌신하는 삶과는 정반대되는 삶을 살

일과 직업에서는 큰 성공을 이루고도
삶에 실패한 사람들이 얼마나 많은가!
일도, 돈도 삶의 성공을 이루는 한 부분일 뿐이다.
궁극적으로 당신이 도달해야 할 목표는 삶 그 자체다.

아온 사람들이다.

자연은 우리에게 능력을 빌려준다. 우리가 이 능력들을 계속해서 활용하면 자연은 우리가 능력을 잘 관리한다고 여기고 더 많은 것을 맡긴다. 하지만 능력들을 활용하지 않으면 그것들을 도로 가져가버리고 결국에는 그것들을 잃게 된다. 능력은 우리가 그것을 더 이상 잘 활용하지 않는 순간부터 위축되고 줄어들기 시작한다. 우리 자신을 향상시키지 않으면 우리는 퇴보하게 되어 있다.

안타깝게도 많은 사람들이 초·중·고등학교나 대학 같은 정규 교육을 받지 않으면 공부를 하는 것이 사실상 불가능하다고 여긴다. 하지만 이처럼 어리석은 생각은 없다. 미국에서는 아무리 가난한 가정에서 사는 아이들이라도 대학에 갈 기회가 있으며 그것을 대체할 교육의 기회도 있다. 링컨은 독학으로 공부했지만 그를 만난 외국인들은 그의 광범위한 지식과 폭넓은 이해력에 감탄했다. 성인이 될 때까지 읽은 책이 여남은 권 밖에 안 되었던 그는 척박하고 불리한 환경에서 어떻게 해서든 대학 교육을 대체할 만한 공부를 해냈다. 오늘날에는 아무리 가난한 청소년이라도 그보다는 몇 배 유리한 여건 속에 있을 터인데, 이루지 못할 것이 무엇이겠는가! 벙어리에다 귀먹고 눈까지 먼 헬렌 켈러가 대학 교육을 받을 수 있었다면, 육신이 멀쩡한 젊은이들이 못할 것이 무엇이겠는가? 당신이 가지고 있는 불리한 조건들이 헬렌 켈러보다 더한가? 당신의 환경이 링컨보다 더 열악한가?

뒤처진 젊은이들은 무지함과 배움 사이의 거리가 너무 멀어 보여서 공부할 엄두를 내지 못하기도 한다. 1페니짜리 동전을 모으면 1달러가 되고 1달러를 모으면 1,000달러가 된다는 사실을 그들도 알고 있다. 이와 마찬가지로 독서나 자기 수련 또는 자기 계발에 집중하는 시간들이 모여서 금전적 자산보다 훨씬 가치 있는 것이 쌓인다. 자기에게 하는 투자만큼 가치 있는 투자는 없기 때문이다. 그런 투자는 화재도 홍수도 폭풍도 쓸어가지 못하고 실패하는 법도 없다는 사실을 아무리 강조해도 지나치지 않다. 설사 당신을 지탱하고 있는 모든 것이 어디론가 사라진다 하더라도, 당신이 좋은 교육을 받은 정직하고 근면한 일꾼이라면 새로 시작할 수 있으며 성공할 수 있다.

당신은 보수도 적고 전망도 없는 하찮은 일을 하고 있다는 생각 때문에 풀이 죽어 있는지도 모른다. 하지만 당신 주변에는 분명 당신을 부러워하는 누군가가 있다. 그 사람은 당신에게서 멋진 기회를 볼 것이고, 당신의 여가 시간이 자기에게 주어진다면 자기를 멋지게 계발할 것이라고 생각할 것이다. 그렇게 해서 더 소득이 높은 중요한 일을 할 자격을 갖추려고 할 것이다.

실제로 그렇게 여가 시간을 투자한 젊은이들을 안다. 경제적인 관점에서만 봐도, 결과적으로 자기 계발에 투자해서 얻는 것이 직장에서 받는 월급보다 훨씬 많다. 그들은 가치 있는 다양한 정보와 지식을 머리에 담아두었다가 결국 빛나게 활용했다. 자기를 계발하고 성장시키는 습관에는 그 사람의 정신과 삶의 시각을 매우 실질적으로 향상시키는 힘이 있다. 이 힘은 개인의 가치를 몇 갑절로 키운다.

자기를 계발하는 습관을 가지고 있다면 다른 매우 가치 있는 습관들과 진보적이고 진취적인 자질들도 가지고 있다. 자기 시간을 최대한 활용하고 늘 자기를 발전시키려고 노력하며 자기의 지평을 확장시키고 앞으로 나아가려고 노력하는 젊은이를 볼 때 그 사람에게는 뭔가 특별한 것이 있음이 느껴진다. 그는 중요한 인물이 될 가능성이 크다. 당신의 미래를 여는 열쇠, 당신의 운명을 결정하는 그것은 무엇보다도 당신이 가진 가능성이다.

많은 사람들이 어떤 연유에서건 일찍이 공부와 여러 유리한 기회들을 놓치고서 너무나 힘든 무지의 장애를 평생 이고 산다. 이들은 정신적으로 더 잘 무장한 경쟁자들과 겨룰 때 늘 불리한 처지에 놓인다. 하지만 이것은 공부가 감수성이 예민한 어린 시절이나 청소년기에 하지 않으면 결코 다시 할 수 없다는 통념에서 비롯된 결과다.

대다수의 사람들이 늦은 나이일지라도 자기 계발을 통해 능률을 높이고 정신적인 힘과 경제활동 능력을 크게 키울 수 있다는 사실을 제대로 깨닫지 못한다. 잔돈은 무척이나 아끼면서 남는 시간의 가치에 대해서는 지극히 무지하다. 여가와 귀한 저녁 시간과 일이 일찍 끝난 후 반나절의 시간이 지닌 가능성에 대해서 모른다. 공부를 하거나 감동적이며 도움이 되는 책을 읽으며 자기 계발에 집중하는 15분의 시간이 평소에 꼼꼼하게 아끼는 푼돈보다 무한히 큰 가치가 있다는 것을 미처 모른다.

당신이 할 수 있는 최고의 투자는 당신을 향상시키기 위한 투자다. 지속적인 자기 향상이야말로 당신 안에 잠자고 있는 힘을 꺼내줄 열쇠다. 학교 다닐 시기가 지났을지라도 놓쳐버린 공부를 충분히 메울 수 있다는 것을 기억하라. 원숙한 성인은 청년보다 더 실용적인 공부를 할 수 있다. 신체적으로나 정신적으로나 더 성숙하고, 대체로 젊은 사람들보다 자기 시간을 더 잘 활용하고 판단력도 더 낫기 때문이다. 성인은 실용적이고 도움이 되는 것과 그렇지 않은 것을 구분할 수 있는 능력이 있다. 나이 들어서 공부할 때는 젊은 사람에 비해 외우는 일이나 두뇌 활동 면에서 떨어질 수 있지만, 배운 것을 삶의 여러 요소에 적용하는 경륜으로 인해 보다 알차게 공부할 수 있다.

미국에서는 나이가 많든 적든, 바쁘게 사는 사람이든 그렇지 않은 사람이든 누구나 대학이나 그에 상응하는 교육의 기회를 누릴 수 있다. 여가와 저녁 시간과 반나절의 시간을 신문과 잡지와 책에서, 사람들과의 대화에서, 관찰과 경청하는 습관을 통해서 지식을 습득하는 일에 쓴다면 가능하다. 귀먹고 앞 못 보고 걷지 못하는 젊은이들이 대학에 다니거나 그에 상응하는 교육을 받는 나라에서 무지함에 대한 핑계는 있을 수 없다. 지식이 많은 사람들은 사실상 지식을 흡수하는 사람들이다. 모든 것에서 지식을 취하는 습관을 가지고 있다. 우리가 만나는 사람들 모두가 정보와 지식의 저장고를 확장시켜주는 존재들이다. 이처럼 지식에 목마른 마음, 보다 충만하고 완전해지기를 갈망하는 마음은 대학 공부 이상의 것을 흡수할 것이다.

가능한 모든 곳에서 지식을 섭취하고 자기 계발의 힘을 얻으라. 스스로를 더 큰 존재로, 더 많은 지식과 교양을 갖춘 사람으로 만들어줄 기회를 그냥 지나치지 말라. 모든 일을 지식과 경험을 넓히고 인격의 힘을 키우는 기회로 삼는 습관은 루스벨트와 워너메이커를 만든 습관이다.

가난하지만 열심히 일하는 젊은이가 가능한 모든 곳에서 지식을 얻으려고 하고 모르는 것들을 질문하는 모습을 볼 때 그가 천재가 아니더라도 천재성에 가까운 무언가를 지녔음을 느끼게 된다. 교육을 받지 못한 채로 중년에 이르렀을지라도 큰 문제는 아니다. 그동안 감내했던 공백을 지금에라도 채우는 것은 대단히 만족스럽고 즐거운 일이 될 것이다.

스스로 나아질 수 있는 능력이 완전히 결여된 것처럼 보이는 사람들이 많다. 그런 사람들은 아무리 도와주려고 해도, 아무리 가르쳐주고 안내하고 조언을 해주어도 절대 바뀌는 것 같지 않다. 개선될 수 없는 사람들처럼 보인다. 반응이 없고, 완고하고 우둔하며 자기 고집이 강하다. 타인의 제안을 받아들이지 않으며, 결국 자기 고집대로 행동한다. 직장인들 중에 그런 사람들은 출세할 수 없다.

한편 준비 과정에 있어서 인내가 부족하고 근시안적인 사람들도 있다. 그런 사람들은 즉각적인 결과를 원한다. 그림의 기초와 기법을 마스터하기도 전에 그림을 그리고 싶어 하거나, 음악을 배울 때 노래와 연주를 한꺼번에 다 하려고 하는 어린 학생과도 같다. 그런 사람은 기초를 익히는 길고 지루한 연습을 싫어한다.

지식은 입장료를 내지 않는 사람에게는 문을 열어주지 않는다.

하루 한 시간이라도 꾸준하고 성실하게 자기 수양에 집중했을 때 얻을 수 있는 놀라운 결과들을, 할 수만 있다면 젊은이들의 의식에 분명하게 새겨주고 싶다. 작지만 유용한 지식들이 모여서 유용하고 실질적인 힘이 된다는 사실을 알면 놀랄 것이다. 저녁에 독서와 공부를 하고 잠시라도 짬을 내서 자기 계발을 위해 노력하는 것이 시간 낭비라고 생각하지 말기 바란다. 이것을 금전적인 가치로만 따지는 것은 매우 협소한 시각이지만, 경제적인 관점에서 보더라도 이렇게 자신의 능력을 키워서 벌 수 있는 수입은 낮에 일하며 버는 수입보다 더 많을 것이다. 자기를 향상시키려는 성실한 노력은 시간 낭비일 수가 없다. 풍부한 수확을 가져다주고 무한한 만족감을 안겨줄 씨를 뿌리는 일이기 때문이다.

일주일에 5달러 내지 10달러를 벌면서 밤 시간과 휴일과 그 밖에 틈나는 대로 열심히 공부한 청년들을 알고 있다. 그 친구들은 자기 계발을 하며 생활력을 키우고 있었기에 실제로 훨씬 많은 돈을 벌고 있는 셈이었다. 요컨대 이런 자기 계발이 있었기에 결국 그들은 자기 계발을 하지 않을 때보다 더 빨리 더 높이 도약할 수 있었다.

당신의 삶은 대충 건성으로 살고 대강 준비하고 대강 공부하고 대강 익혀서 시작하기에는 너무나 소중하다. 멋진 삶을 살고자 한다면 제대로 시작해야 한다. 어떤 건물이든 기초를 놓는 것이 가장 중요하다.

공부를 하고 싶어 하면서도 자기 수양과 자기 계발을 위해서 단 하루의 저녁 시간도 포기할 마음이 없는 젊은이들도 있다. 그들은 극장과 파티와 클럽을 포기하지 못한다. 매일 밤 그들의 관심을 끌어당기는 뭔가가 꼭 생겨난다. 그러면서도 수만 가지 즐거움들을 포기하고 밤에 집에서나 야간 학교에서 공부하며 자기 계발을 위해 틈나는 대로 노력한 다른 친구들의 발전은 '운이 좋은 것'이라고 말한다.

대부분의 젊은이들은 성공이 외부에서 찾아오는 것이라고 생각하는 것 같다. 어떤 신비로운 힘이 이 땅을 휩쓸어서 그들을 목적지까지 실어다줄 것처럼 생각하는 것이다. 그들은 스스로 움직이지 않으면 아무것도 그들을 움직이게 할 수 없다는 사실을 깨닫지 못한다. 원인이 없으면 결과가 없으며, 무엇보다도 결과를 낼 만큼 원인이 충분해야 한다는 점을 인식하지 못한다.

미래에 올 큰 것을 위해 현재의 작은 것을 포기하는 법을 배우는 것은 대단히 중요하다. 자기 계발과 독서와 공부에 헌신하며 미래에 찾아올 무한히 더 큰 유익을 위해 현재의 즐거움을 포기하려는 사람들이 많지 않다. 하지만 모든 성공적인 삶은 미래의 더 큰 것을 위해 현재의 작은 것들을 끊임없이 포기하면서 만들어진다. 멀리 있는 목표를 위해 당장의 것들을 내려놓을 줄 알아야 한다. 그렇게 하는 것이 결국에는 삶을 더 풍족하게 채워준다.

　가장 가치 있는 일은 단연코 당신 자신을 발전시키는 것임을 기억하자. 누군가가 당신을 자극하고 영감을 줄 수는 있어도 사실상 어느 누구도 직접적으로 당신을 도울 수는 없다. 당신의 내면에서 만들어지는 생각과 의지만이 당신 앞에 펼쳐진 생에서 당신을 위해 무언가를 할 수 있다. 우리가 운명이라고 부르는 것은 상당 부분 우리가 만드는 것이다.

• 스물한 번째 수업 •

시간에 대하여

당신에게 주어진 오늘 하루를
무엇으로 채울 것인가?

틴들(John Tyndall·영국의 물리학자) 교수는 자신이 받은 최고의 영감은 글을 거의 모르는 늙은 하인에게서 받은 것이라고 말하고는 했다. 아침마다 그 하인은 이 위대한 과학자의 방문을 노크하면서 이렇게 말했다.

"선생님, 일어나십시오. 일곱 시입니다. 오늘도 큰일을 하셔야지요."

아침에 잠에서 깼을 때 가장 먼저 눈이 닿는 곳에 큰 글씨로 이렇게 써 붙여놓는 것은 어떨까? '일어나라. 오늘 큰일이 기다리고 있으니.'

우리는 하루가 지닌 가능성에 대해서 소홀히 생각하고는 한다. 하루가 어떤 의미를 지니는지, 하루에 담긴 놀라운 가치가 어떤 것인지 제대로 인식하지 못하고 있다. 살면서 큰일을 해낸 날들을 생각해보라. 그 일을 해낸 그 어느 날은 이전의 하루하루가 쌓인 결과물이지 않았는가.

돈과 재산은 아끼면서 인생은 헤프게 낭비하는 것은 엄청난 잘못이다. 시간을 낭비하는 것은 곧 삶을 낭비하는 것이다. 다시 말해서 시간을 죽이는 것은 삶을 죽이는 것이다. 시간을 죽일 때 삶의 모든 바람직한 것들도 함께 죽는다. 시간이 곧 삶이기 때문이다. 이것은 피할 수 없는 엄연한 사실이다.

성공하는 자와 그렇지 못한 자, 현명한 자와 무지한 자의 차이는 시간을 지혜롭게 활용하는지 아닌지를 보면 알 수 있다. 당신이 시간을 소중히 여기는지, 아니면 아무렇게나 여기는지, 시간을 무관심하게 바라보는지, 귀하게 바라보는지 얘기해준다면 나는 당신이 어떤 삶을 살게 될지 정확하게 말해줄 수 있다. 당신의 삶이 걸작이 될지, 아니면 어설픈 작품으로 그칠지 말이다.

당신은 매순간을 소중히 여기는가? 여가 시간이나 짬짬이 나는 시간을 아껴 쓰는가? 작은 책이나 팸플릿 등 읽을 만한 것을 가지고 다니면서 약속 시간에 늦는 사람을 기다리거나 전차를 기다릴 때, 또는 전차에 탔을 때 그것을 꺼내어 읽는가? 만일 그렇다면 당신은 성공적인 삶을 만들어가는 중이다. 이에 더해서 독서한 내용이나 관찰한 것이나 머리에 떠오른 생각을 노트하는 습관이 있다면 당신은 분명 크게 성공하리라고 나는 확신한다. 지식과 정보를 갈망하는 이들, 삶의 지평을 더 넓고 크게 확장하고자 하는 이들, 무지함에서 벗어나기 위해 계속해서 노력하는 이들, 시간을 소중히 다루는 이들의 걸음걸이는 성공을 향해 힘차게 나아가고 있다.

많은 사람들이 성공적인 삶을 매일의 일상과 동떨어진 어떤 것쯤으로 여기는 이유가 뭘까? 성공이 대체로 운명이나 팔자에 따라 결정되는 신비한 현상이라고 여기기 때문이다. 하지만 경험과 관찰을 통해 줄곧 입증되는 진실은 성공이 전적으로 우리가 가진 자산을 어떻게 사용하느냐에 달려 있다는 점이다. 성공을 만드는 재료는 우리 손 안에 있다. 그 재료를 사용해서 성공의 모양을 만드는 것이 우리가 매일 할 일이며, 그 일은 곧 그날을 '최고의 하루'로 만들어준다. 사실 매일 정직하고 성실하게 꾸준히 노력하며, 최선을 다하려고 애쓰고, 최고의 순간을 지속하고자 하는 것은 지극히 정상적이고 자연스러운 일이다.

삶의 능률을 높이려면 시간을 잘 활용해야 한다. 만약 당신의 삶에서 한 달이나 일 년 또는 오 년의 시간을 팔라고 한다면 당신은 온 세상을 다 준다 해도 조금도 내놓을 수 없다고 말할 것이다. 그런데도 많은 사람들이 어떠한 대가도 받지 않고 스스로 귀중한 시간을 헌납하고 있다. 자연은 우리가 누릴 수도 있었던 많은 세월을 다시 돌려받을 수 없다고 가르쳐준다. 우리가 자연의 법칙을 어기면 우리의 삶은 단축될 수밖에 없다. 어제나 어젯밤 또는 오늘 우리의 능률을 감소시키고 우리의 삶을 단축시키는 일들을 했다면 스스로 저지른 그 잘못을 되돌릴 길은 없다. 자연의 법칙을 어기는 이는 비록 왕일지라도 반드시 대가를 치러야만 한다.

하루 종일 너무나 지루하게 느껴져서 어서 내일이 왔으면 좋겠다고 생각한 적 있는가? 그때 당신은 무엇을 하고 있었는가? 어쩌면 내 집이 생길 날을, 자녀들에게 둘러싸일 날을, 지금보다 더 많은 돈과 안락함과 호화로움을 누릴 날을 기다렸을지도 모른다. 미래는 밝고 아름답게만 보이는데 현재의 끝없이 단조롭고 고된 나날은 짜증스럽기만 해서 어서 빨리 좋은 날이 오기를 바랄 수도 있다. 그런데 이 헛된 갈망이 당신의 삶을 앗아가고 있다는 생각은 해보지 않았는가? 그것은 삶을 사는 것이 아니다. 그렇게 보내는 시간을 통해서는 아무것도 얻을 수 없다!

마냥 시간을 죽이려고 밤에 외출할 때 스스로를 죽이고 당신의 삶을 죽이고 당신의 미래와 가능성을 죽이고 있다고 생각한 적 없는가? 하루쯤 잃는 것이 뭐 그리 대수롭겠냐고 생각할 수 있지만, 당신에게 주어진 하루, 일주일 또는 한 달을 도대체 무엇과 맞바꿀 수 있단 말인가! 삶과 시간은 따로 떨어질 수 없다. 이 둘은 같은 것이기 때문이다. 시간이 빨리 지나가기를 바라는 것은 기회가 지나가기를 바라는 것이고 삶이 지나가기를 바라는 것과 마찬가지다.

'시간은 금이다.'라는 이 고루한 격언은 안타깝게도 진실이다. 일분일초가 지날 때마다 우리의 생이 그만큼 줄어들며, 성공을 이룰 시간도 줄어든다. 매일 밤 우리의 시간 쿠폰이 하나씩 사라진다. 이 쿠폰을 다시 회수할 수 없다는 사실은 생각지도 않고 무감각하게 쿠폰을 끊는다. 한 번 지나간 시간은 영원히 사라지며 그것을 되찾을 방법은 없다. 엎지른 물을 다시 주워 담을 수 없듯이. 즐거운 시간을 보낸 것 같은데 남는 것은 쓰라린 후회뿐일 때도 있다. 전날 비굴하게 행동한 일, 자존감을 잃었던 기억, 타인에게 상처를 주었던 일 때문에 나 자신이 싫어진다면 당신은 그 시간만큼 삶을 죽인 것일 뿐 아니라 당신의 인격도 죽인 것이다. 선한 행동이 봉해져서 영원히 남듯 악한 행동 역시 봉해져서 다시

당신이 지나온 시간의 노트에는
백지로 남거나 구겨지고 얼룩진 페이지가 있을지도 모른다.
그 백지는 영원히 백지로 남고,
구겨진 페이지 역시 그 상태로 남는다.
시간의 노트에 무엇을 쓸지 결정하는 것은 오로지 당신뿐이다.

되돌릴 수 없게 된다. 아무리 눈물을 흘리며 뉘우쳐본들 없던 일로 할 수는 없다. 그 어떤 끔찍한 운명이, 그 어떤 파멸이, 그 어떤 불가피함이 시간의 무자비함에 비길 수 있을까? 당신의 하루는 그런 것들로 채워지기에는 너무나 소중하다.

시간은 우리가 태어나는 순간 공짜로 얻지만, 허투루 낭비했을 때 그 무엇보다 큰 대가를 치러야 하는 빚이자 자산이다. 당신이 시간에 두는 가치에 따라 당신이 삶에서 무엇을 얻을지 결정된다.

성공적인 삶을 산 사람들에게도 부족한 면이 있고 결함이 있겠지만, 한 가지 분명한 사실은 그들 모두가 시간에 큰 가치를 두었다는 점이다. 그들은 구두쇠가 금을 모으듯이 시간을 모았다. 삶이 시간으로 이루어져 있다는 것을 알기 때문이다.

구슬과 반짝이로 장식된 가방을 발견한 인디언들의 이야기를 들은 적이 있다. 가방 안에는 매우 값비싼 다이아몬드 원석이 들어 있었다. 인디언들은 그 귀한 다이아몬드를 내버리고 값어치 없는 가방을 가졌다고 한다. 이것이 우리 대부분이 살아가면서 하는 일이다. 우리는 겉으로 화려해 보이는 싸구려 것들을 취하고 귀중한 삶의 다이아몬드를 내버린다. 알맹이를 버리고 껍질을 취하는 것이다.

뭔가 가치 있는 일을 이루고자 한다면 시간을 소중한 자산으로 지켜야 한다. 사람들이 당신의 시간을 함부로 다루게 해서는 안 된다. 바쁜 시간에는 사람들의 방문을 받지 않고 오래 알고 지낸 사람일지라도 거절하는 것을 철칙으로 삼을 필요가 있다. 물론 그렇게 하는 것이 유쾌하지는 않겠지만 그렇게 해야 한다. 창의적인 사고가 필요하거나 일에 온 정신을 집중해야 하는 개인적인 시간을 갖고자 한다면, 특정 시간에는 방해받고 싶지 않다는 점을 모든 사람들이 알게 해야 한다. 언제든 손님이 찾아와서 온갖 하찮은 것들에 대해 수다를 떨도록 허락한다면 최선을 다할 수가 없다.

타인이 자신의 시간을 앗아가지 못하게 스스로를 지킬 힘과 기술을 가지고 있다면 훨씬 많은 일을 성취할 수 있는 사람들이 많다. 하지만 그들은 남들이 보기에 만만하고 사람을 잘 믿어서 번번이 타인에게 시간을 내준다. 아무리 자기 일이 바빠도 사람들을 상대해주고는 한다. 그리고 어느새 하루가 가고 아무 일도 못 했다는 것을 뒤늦게 알게 된다.

무척이나 친절하고 다정하며 동정심이 많은 한 사람을 알고 있다. 워낙 남을 돕고 싶어 하는 사람이라 의식적으로든 무의식적으로든 자신의 시간을 앗아가는 사람들에게 지금 너무 바빠서 시간이 없다는 얘기를 넌지시 하지도 못한다. 그래서 사람들이 들어와 앉아서 얘기하도록 허용하며 그렇게 그의 하루는 다 가버린다. 그리고 나면 사람들이 앗아간 시간을 메우느라 늦은 시간까지 사무실에 앉아서 일을 한다. 정작 그들은 그의 시간에 대한 권리가 없는 사람들이었는데도 말이다. 안타깝게도 이렇게 될 때는 그의 가정도 방해를 받기에 이런 일은 그에게도 그의 가족들에게도 공정하지 않다.

많은 사람들이 '시간 도둑'들 때문에 자기 일에 심각한 타격을 입는다. 시간 도둑들은 마침 가까운 곳에 와서 들렀다 가고, 주는 것은 없고 항상 자기 쪽에서 뭔가 원하는 것이 있다.

당신은 다른 사람들처럼 기회를 얻지 못했다고 말할 수도 있다. 당신을 도와주고 밀어주는 사람이 아무도 없었다고 말할 수도 있다. 하지만 무한하신 신께서 당신에게 줄 수 있는 거대한 유산이 당신에게 있다는 것을 아는가? 그것은 바로 시간과 기회. 당신 안의 참된 자아를 끌어내고 당신의 잠재력을 개발하고 당신의 야망을 추구할 기회만큼 삶에서 귀중한 것이 있는가?

이 세상에서 가장 가난하게 태어난 아이일지라도 시간과 기회의 무한한 자산을 가지고 태어난다. 삶의 시간 속에 얼마나 많은 가능성들이 숨어 있는가? 많은 사람들이 삶의 주어진 시간들로부터 얼마나 영광스러운 일들을 만들어내는가?

링컨이 이 세상에 왔을 때 그를 기다리고 있던 시간에서 무엇을 만들어냈는지 생각해보라! 링컨이 가진 자산은 시간과 기회뿐이었다. 나머지는 그가 채웠다. 그는 성공의 기회로부터 영원히 남을 명성을 만들어냈다. 그 기회는 그가 가진 능력을 세상에 보여줄 수 있는 기회였고, 태어날 때부터 그의 세포 안에 숨 쉬고 있던 잠재력을 펼칠 수 있는 기회였다. 당신에게도 시간과 기회라는 자산이 아직 남아 있다.

• 스물두 번째 수업 •

평온함, 삶이 도달할 수 있는 최고의 경지

심연에 닿은 빙산처럼
흔들림 없이 나아가라

어떤 일에도 평정심을 잃지 않는 사람이 참으로 드물다. 침착함을 유지한다는 것은 삶에 있어 최고의 기술이라 할 수 있다. 부를 얻는 것은 이것에 비하면 사소한 일에 불과하다. 침착만 마음만 있다면 언제나 능률적으로 움직일 수 있다. 그 반대라면 마음의 안정을 뒤흔드는 일이 생길 때마다 능률이 급격히 떨어진다. 정신 활동의 균형이 무너지기 때문이다.

뛰어난 인격을 지닌 사람들을 유심히 관찰해보라. 그들이 이룬 성공의 토대가 무엇인지 찾을 때까지 찬찬히 훑어보면 그 바탕에 '침착함'이라는 자질이 자리하고 있음을 발견하게 될 것이다. 침착함은 주변의 분위기에 휩쓸리지 않게 해주는 뛰어난 자질이다. 침착함을 갖춘 사람은 주위를 둘러싼 성가시고 거슬리는 상황들로부터 영향을 받지 않는다.

사람이 침착할 때 뇌에서는 엄청난 팀워크가 이루어지고, 그로부터 힘이 솟아난다. 침착한 태도는 분별력과 건전한 판단력이 있음을 의미하고, 또한 결단력과 주도력, 자제력이 있음을 보여준다.

생의 첫째가는 책임은 자신을 이기는 법을 배우는 것이다. 자기를 통제할 줄 아는 사람이 많지 않다. 때문에 자제력과 침착함을 지닌 사람은 모든 이의 존경을 얻는다. 이에 대해 누군가는 이렇게 말했다. "훌륭한 자질을 갖추는 것으로는 충분하지 않다. 그것들을 다스릴 줄도 알아야 한다."

보다 높은 경지에 오를 수 있는 탁월한 능력과 자질을 갖춘 사람들이 침착성과 자제력이 부족한 탓에 추락하는 것을 보면 참으로 안타까울 따름이다. 그들은 불안과 질투와 급한 성격의 희생양이다. 스스로를 잘 다스리는 사람에게는 아무렇지도 않을 하찮은 일로 인해 그들은 허물어지고 만다.

테니슨(Alfred Tennyson·영국의 시인)은 말했다.

"자신을 존중하고 이해하며 절제하는 능력만이 최고의 경지에 이르도록 이끌어준다."

허버트 스펜서(Herbert Spencer·영국의 사회학자)의 말에도 귀 기울여보자.

"도덕적인 존재로서 인간의 가장 중요한 자질은 스스로 절제할 수 있는 능력이다. 이상적인 인간이 지닌 완벽함을 이루는 요소 중 하나가 탁월한 자제력이다. 충동적이거나 그때그때 일어나는 욕구에 휩쓸리지 않고, 독립적이고 안정되며, 여러 감정의 종합적인 판단에 따르는 것, 그리고 이러한 종합적인 판단 아래 모든 행동을 충분히 따져보고 조용히 결정하는 것, 이것이 도덕 교육이 끌어내고자 하는 최고의 목표다."

자신을 다스릴 줄 아는 사람에게는 자기의 힘을 인식하는 능력이 생긴다. 어떤 일을 겪더라도 자신이 할 행동을 확실히 하며, 스스로 어리석은 짓을 하지 않을 것임을 안다. 또한 격정에 사로잡혀 이성의 끈을 놓고 동물적인 본능에 따르는 바람에 평생 수치심 속에 살거나 인생을 망칠 일은 하지 않을 것임도 안다. 자기를 통제할 줄 알기에 어떤 긴급한 상황에서도 주체적으로 행동할 것임을 분명히 알고 있다.

급박한 상황이 닥치면 침착하고 안정된 사람의 역할이 중요해진다. 침착한 사람은 어떠한 상황에서도 분별력을 잃지 않으며 당황하거나 혼란스러워하지 않는다. 조바심내거나 씩씩거리거나 잔

소리하지 않으며 투덜대거나 비난하지 않고 쉽게 흥분하지 않는다. 침착함을 갖춘 사람은 아무리 자극을 받아도 평온함과 평정을 유지한다. 그리고 재난 속에서도 차분하게 어떻게 하는 것이 최선인지를 살핀다.

예전에 길에서 일어난 교통사고를 목격한 적이 있다. 많은 사람들이 몰려들었지만, 그들은 무엇을 해야 할지 몰랐고 다친 사람에게 응급 처치를 해야 한다는 사실도 잊은 채 구경꾼에만 머물렀다. 그런 가운데 한 사람이 인파를 헤치고 부상자에게 다가가 응급 처치를 했다. 그는 주체 못할 정도로 긴장하지 않았고, 심지어 어떠한 동요도 보이지 않았다. 나를 비롯한 구경꾼들은 그저 입을 벌린 채 감탄하며 바라볼 뿐이었다. 인간의 내면에는 모든 상황과 환경을 다스릴 수 있는 힘이 숨어 있다. 그 힘은 그 어떤 것보다 위대해서 모든 위기와 상실과 실패의 경험들은 그에 비하면 대수롭지 않다.

담대한 성품을 지닌 한 사람을 알고 있다. 그는 무슨 일이 일어나도, 다른 사람들이 아무리 흥분했어도 늘 침착할 것이라고 믿어지는 사람이다. 혼란스러운 상황이나 위기에도 민첩하고 요령 있게 행동할 사람이다. 그가 흥분하거나 이성적이지 않은 행동을 하는 것을 본 적이 없다. 그는 늘 감정을 잘 다스린다. 사업을 위협

할 만한 큰 불상사가 생겼을 때도 그는 마찬가지였다. 소송을 당해 망할 처지에 처해 있었지만, 그는 법정에 들어서서도 마치 아무 일 없는 것처럼 차분하고 평온한 모습을 보였다. 그때의 그를 떠올리면 나는 지금도 가슴 한 구석에 묵직한 감정이 자리 잡고는 한다. 흥분되고 당황스러우며 어찌할 바를 모를 만큼 큰일이 닥쳐 모든 사람이 동요하고 있는 동안에도 차분하고 평온한 사람을 보면 감탄하지 않을 수 없다. 범접하기 힘든 경지가 느껴지기 때문이다.

아무리 큰 부를 얻는다 한들 이런 침착함을 갖는 것에 비길 수 있을까? 자신을 완벽하게 다스릴 줄 알아서 어리석은 행동을 하거나 스스로를 웃음거리로 만드는 일이 좀처럼 없는 사람만큼 당당한 존재가 있을까? 평온한 사람과 함께 있으면 나 자신이 온전해지는 기분이 들어 각성이 되며 기운을 얻는다. 나의 약한 정신이 든든해지고 힘을 얻는 듯하다. 그 순간만큼은 그의 평온함이 내 것이 되는 것만 같다.

균형과 조화가 관건이다. 자비심처럼 매우 고매한 도덕적 자질도 판단력이 사라진 상태에서 분별없이 행하면 사람을 망친다. 자비심이 균형을 잃고 지나치게 흐를 경우에는 오히려 그 대상을 잘못된 길로 인도할 뿐 아니라 자비를 베푼 당사자에게 피해를 남긴다. 내가 아는 한 사람도 그랬다. 그는 친절 그 자체인 사람이라서 어려움에 처한 사람을 보면 어떻게든 도우려고 했다. 하지만 절제와 신중함과 판단력이 부족한 탓에 있는 대로 다 퍼주었다. 다른 사람을 돕고 싶은 지나친 열정을 해소하느라 가족의 안락함까지 앗아갔다. 그의 자비는 균형을 잃은 것이었다.

훌륭한 인격은 골고루 발달된 자질들의 조화로움에서 나온다. 균형과 조화를 이룬 내면에서는 어느 한 가지 자질도 다른 자질에 비해 지나치게 발달하지 않는다. 성능 좋은 기계의 각 부품이 다른 모든 부품과 유기적으로 움직이는 것과 같다.

세상은 망가지고 좌절한 인생들로 가득하다. 그런 인생들에게는 이따금 찾아오는 성공도 잦은 실패 속에 묻히고 만다. 원대한 꿈을 가지고 있어도 수고한 결과들을 지킬 능력과 체계가 완전히 비어 있다. 직업도 너무 많이 바꿔서 지금까지 해온 일들이 마치 조각보 누비이불을 보는 것 같다. 이는 꾸준함과 차분함을 갖게 할 내적인 균형과 분별력이 결여되어 있기 때문이다.

우리가 살면서 만나는 사람들 중에 균형감과 침착함이 뛰어난 사람을 얼마나 만날 수 있을까? 대개의 사람들은 어느 한 쪽으로 치우쳐서 성장한다. 모든 면이 고르게 잘 발달하고 분별력을 갖춘 사람은 드물다. 그런 사람은 늘 귀하다. 다방면에 재능이 있는 멋진 사람들 중에는 일처리를 이상하고 비효율적으로 하는 경우가 종종 있다. 그런 사람들은 흐린 판단력 때문에 늘 걸려 넘어진다.

누군가가 종잡을 수 없다거나 판단력이 다소 떨어지며 곧잘 어리석은 짓을 한다고 소문이 나면, 그 사람의 공신력은 치명적인 타격을 입을 수밖에 없다. 당신이 어떤 특별한 분야에서 능력이 뛰어날지라도 균형을 잃고 한쪽으로만 편향되어 있다면 건전한 사고를 지닌 사업가들은 당신을 신뢰하지 않을 것이다. 당신이 압박을 느끼거나 긴급한 상황에 처했을 때 어리석은 행동을 하고 심각한 실수를 저지를 수 있다는 것을 알기 때문이다.

한 가지 능력만 지속적으로 지나치게 사용하고 다른 능력들은 사용하지도 않고 개발하지도 않는 것은 해로우며 정신의 균형을 잃게 만든다. 집중적으로 사용하는 능력이 아무리 크고 중요해도 다른 능력들도 사용해야 모든 능력들이 성장할 수 있으며 정신적인 균형을 올바로 유지할 수 있다. 이런 정신적 균형이 곧 힘과 건전한 판단과 지혜로 이어진다.

용기는 성공을 추구함에 있어서 없어서는 안 될 덕목으로 꼽힌다. 하지만 신중하게 주의를 기울일 줄 모르고 용기만 있다면 용기는 제멋대로 길을 갈 것이고 우리는 온갖 곤란한 상황에 빠질 것이다. 대범함은 분별력 있게 조절하고 사용할 때 훌륭한 자질이 된다.

  침착하다는 것은 마음이 잘 조절되고 있으며 힘이 올바른 방향으로 사용되고 있음을 의미한다. 결과적으로 당신은 당장이라도 주저 없이 그 힘의 방향을 전환할 수가 있고 당신이 나아가기로 결심한 방향으로 온 존재를 투신할 수 있다.

  평온하고 침착한 마음만큼 정신과 육신을 편안하게 하는 데 도움이 되는 것은 없을 것이다. 분노, 질투, 흥분, 근심 따위로 마음이 균형을 잃게 되면 온몸의 질서도 깨진다. 모든 기능들에 이상 징후가 나타난다. 이렇듯 질서가 방해를 받으면 건강이 방해를 받고 잠복해 있던 요인들이 병으로 발전할 수 있다. 우리가 조화로운 상태에 있으면 마음은 균형을 이룬다. 이른 나이에 마음의 균형을 유지하는 습관을 갖게 되면 편안하고 능률적인 생활을 하는 데에 그 무엇보다도 도움이 될 것이다. 우리가 일을 하면서 활력을 빼앗기는 이유는 일이 힘들어서가 아니라 조화를 이루지 못하고 균형을 잃은 여건 속에서 일을 하기 때문이다.

  마음이 평온하고 삶을 기쁘게 바라보는 사람은 까칠하고 불안이 많은 사람들보다 육체의 병과 삶의 알력들을 훨씬 침착하게 견딜 수 있다. 화를 잘 내는 사람들은 아무리 야망이 크고 열심히 일해도 하는 일에 있어서 인정을 받지 못한다. 그런 사람들에

몸의 각 신체 기관이 서로 조화를 이루며 건강을 유지하듯
마음도 여러 가지 자질이 조화를 이루는 가운데
평온함을 유지한다.
뛰어난 인격이 지향하는 최고의 경지는 평정심이다.
평정심은 우리 내면의 수많은 성향이 적절히 드러나도록 조절한다.

게는 책임이 따르는 직책을 맡기지 않으며 긴급한 일이 생겼을 때에도 그들을 찾지 않는다. 그런 사람들은 안전하지 않으며 사소한 문제를 가지고도 이성을 잃을 수 있다는 것을 사람들이 알기 때문이다.

우리가 첫째로 할 일은 우리의 마음을 조화롭게 유지하는 법을 배우는 것이다. 조화로움이 곧 능률을 의미하기 때문이다.

자기를 다스릴 줄 알기를 갈망한다면 이렇게 해보라. 아침에 하루를 시작할 때 그날 하루 어떤 일이 있어도 마음의 평정과 평온함을 유지하고 조화로움 속에 머물겠다고 굳게 다짐하는 것이다. 어떤 상황에 처해도 마음의 균형을 잃지 않겠노라고 결심하라. 이렇게 할 때 삶의 능률이 올라가고 그로 인해 큰 만족감을 맛보게 될 것이다. 훨씬 편안하고 평온한 마음으로 더 많은 일을 하게 될 것이고, 감정의 소용돌이에 빠져 마음의 평화와 건강과 행복이라는 값비싼 대가를 치르는 것이 큰 손해임을 곧 깨닫게 될 것이다.

감정적으로 큰 자극을 받거나 역경 속에 있을 때, 혹은 실패나 패배를 경험했을 때에도 평온할 수 있는 인격을 얻지 못했다면 진리의 손길을 아직 느껴보지 못한 것이다. 진리는 사람을 자유롭게 해주기 때문이다. 남들이 심각한 시련이나 고통이라고 말하는 경험들을 당신이 겪고 있을지라도 진리는 당신에게 마음의 평화를 주고 이해의 빛을 밝혀준다.

마음의 평정에서 고요함이 나온다. 이런 고요함은 어떤 압박과 급박한 상황에서도 유지된다. 하지만 이 고요함은 둔감함이나 무위의 상태 또는 무기력함과는 다르다. 스핑크스가 고요하다고 말할 수 없다. 굳어 있는 상태는 평온함이 아니다. 그것은 모든 에너지가 정지된 죽음의 상태다. 고요한 사람만큼 삶을 충만하고 강렬하게 의식적으로 살고 있는 사람은 없다.

운명론자는 진정한 고요함을 모르는 사람이다. 그런 사람은 사실 환경에 비겁하게 종속하고 있다. 자기가 처한 여건에 무력하게 굴복하고 미래에 대해서는 무관심하다. 운명론자는 삶을 시간의 바다 위를 정처 없이 표류하는 배처럼 여긴다. 나침반도 지도도 없고 뚜렷한 목적지도 없다. 삼라만상에 대해 스스로 열등하다고 인정하기에 계속해서 항복하는 태도를 보인다.

반면 빙산처럼 사는 삶은 위대하다. 바다의 깊고 고요한 심층까지 닿아 있어 아무리 거센 폭풍이 몰아쳐도 전혀 흔들리지 않는다. 영원한 힘이 그 거대한 몸체를 붙잡아주고 있기 때문이다.

우리는 이 영원한 힘과 하나라는 의식 속에 굳건히 닻을 내려야 한다. 그래서 삶의 표면에서 일어나는 어떤 소동도 우리를 조금이라도 흐트러뜨리지 못하게 해야 한다. 영원한 고요 속에서 평온한 내면은 사납게 몰아치는 폭풍을 결코 느끼지 않는다.

파도 아래 깊은 곳, 영원한 고요에 닻을 내린 평온한 영혼들만이 삶의 폭풍 속을 평온하고 안전하게 흔들림 없이 항해한다.

| 옮긴이의 글 |

평생 최상의 삶을 향해 나아갔던 한 인간의 살아 있는 가르침

 출판사의 기획자로부터 인격에 관한 책을 찾아봐달라는 부탁을 받았다. 처음에는 이 요청이 난감했지만, 누군가가 사람의 인격에 관해 체계적으로 정리한 글이 있다면 읽어보고 싶다는 흥미가 생겼다.
 인격을 다루는 외국 서적 가운데 이미 번역되어 한국에 소개된 것들이 다수 있었지만, 자라는 아이들의 성격 형성에 관한 책의 비중이 압도적으로 높았다. 또한 심리학이 대중화된 지금은 사람의 내면을 다룬 다양한 도서들이 '인격'에 대한 고찰을 대신하고 있었다. 자녀 교육과 현대인의 내면을 치유하는 일에 관심이 크기 때문일 것이다. 하지만 출판사 기획자의 의도에 딱 부합하는 책은 좀처럼 눈에 띄지 않았다. 그러던 중 인격이라는 주제가 시대에 국한되지 않는 인간의 본성에 관한 것이기에 좀 더 오래전에 살았던 작가의 글이라도 읽어볼 가치가 있겠다는 판단이 들었고, 그렇게 해서 100년 전에 출간한 오리슨 스웨트 마든의 《인격 수업(Masterful Personality)》(1921)을 알게 되었다.

저자는 일곱 살 어린 나이에 부모를 잃고 할머니 집에 맡겨졌다가 이후 네 가정을 거치며 머슴살이를 하면서 십대 시절을 보냈다. 그 시기에 우연히 발견한 새뮤얼 스마일스(Samuel Smiles)의 《자조론(Self-Help)》을 읽고 눈이 번쩍 뜨이는 경험을 했으며, 이 일은 그의 인생에 중요한 전환점이 되었다. 그는 그때의 다짐대로 일생을 자기 자신과 자신이 처한 환경을 끊임없이 성장시키고 발전시키는 길을 걸었다. 그리고 새뮤얼 스마일스의 책이 자신에게 그러했듯이, 자신도 다른 사람들에게 영감을 주는 삶을 살 수 있기를 열망했다.

마든에 따르면 인격은 나의 노력 여하에 따라 드높은 수준에 이를 수도 있고 반대로 비천한 상태로 떨어질 수도 있다. 물론 훌륭한 인격을 갖는 것이 마음만 먹으면 쉽게 이룰 수 있는 일이라고 말하지는 않는다. 양육도 한몫을 한다. 그릇된 양육이 그 사람이 지닌 인격의 가능성을 평생 옥죌 수 있고, 올바른 양육이 훌륭한 인격의 밑거름이 되기도 한다. 그러나 어떤 환경에서 어떤 부모 밑에서 자라든 인생에 열려 있는 가능성들과 기회들을 간과하지 말라고 조언한다. 그리고 그 가능성과 기회들은 우연히 운 좋은 이들에게만 찾아오는 것이 아니라, 내 안에서 발견되기를 기다리고 있다고 말한다. 다시 말해서 내 안에는 '최고의 나'가 될 수 있는 가능성이 숨겨져 있으며, 이 가능성을 발견하여 잘 갈고 닦는 것이 우리의 숙제라는 것이다.

자칫하면 손에 잡히지 않는 추상적인 이야기로 다가오겠지만, 저자는 결코 애매하거나 추상적으로 이야기하지 않는다. 내가 지닌 가능성들을 최상의 인격으로 다듬는 길을 구체적으로 알려준다. 이처럼 구체적일 수 있는 이유는 저자 자신이 그 모든 것을 체험했기 때문이기도 하고, 그가 많은 사람들을 만나며 얻은 통찰이 글의 바탕이 되었기 때문이기도 하다. 다시 말해서 이 책에서 얘기하는 인격의 성장 과정은 이론이 아니라 실제 체험들에서 나온 것이다.

마든은 부모의 손에서 제대로 양육받지 못하고 여러 가정에서 더부살이를 하며 예민한 청소년기를 보냈지만, 책 한 권을 통해 자기 안의 잠재력을 인식하기 시작했고, 일생 동안 자신의 능력을 개발하고 그 능력들을 과감하게 펼쳤다. 스스로 학비를 벌어 학교에 다녔고, 호텔의 말단 직원에서 매니저로, 이후에는 호텔 경영자가 되었다. 뿐만 아니라 인문학, 과학, 의학, 법학 등 다양한 분야를 공부하고 학위를 땄다. 그리고 사십 대 후반부터는 자기가 체득한 삶의 경험들을 글로 풀어내는 작가의 길에 전념했다. 그가 《자조론》을 읽은 후 갖게 된 열망, 타인에게 영감을 주고 싶었던 그 꿈을 결국 실현한 것이다. 이 책에 나오는, 불리한 환경을 넘어서 자기 안의 잠재력을 실현한 인물들의 이야기가 실은 저자 자신의 이야기이기도 하다.

 이처럼 저자는 많은 체험을 통해 인간답게 살아가는 길, 최상의 삶을 이루는 길을 통찰했다. 그리고 최상의 삶을 살 수 있는 것은 우리 내면에 이미 '최상의 나'가 될 수 있는 가능성, 즉 갖가지 일들에 훼손되기 전 나의 참된 자아가 숨어 있기 때문이라고 말한다. 일찍이 저자가 발전 가능성을 내다본 심리학에서도 인간의 무의식이 모든 지식과 지혜의 창고임을 오늘날 인정하고 있다. 이처럼 우리 안에서 발굴되어지기를 기다리는 참된 자아를 발견하고 성장시킬 때 우리의 참된 인격이 갖추어진다. 인간의 내면에 숨어 있는 이러한 가능성이 없다면, 열 살도 안 돼 고아가 되어 머슴살이하던 어린 마든이 그 척박한 현실 속에서도 스마일스의 책에서 감동을 받고 인생의 지표를 찾을 수 있었겠는가?

따라서 '인격은 인간의 가능성'이라는 믿음을 갖고 이 책을 읽었으면 좋겠다. 저자가 제시하는 구체적인 방법들을 대함에 있어 우리 안에 최상의 삶과 최상의 인격을 실현할 수 있는 가능성이 있다는 믿음을 마음 밑바탕에 갖는 것이 필요하다고 본다. 그렇게 할 때 마든의 가르침은 더욱 생생히 살아 있는 지혜로 다가올 것이다.

그 옛날 다락방에서 발견한 책 한 권이 한 고아 소년의 가슴을 뛰게 했던 것처럼, 그의 한평생 지혜가 담긴 이 책이 독자들의 마음에 여운을 남기기를 바란다.

추미옥

영문학과 통번역을 전공했으며 현재 번역가로 활동하고 있다. 옮긴 책으로는 《바베트의 만찬》, 《일곱 개의 고딕 이야기》, 《나에 관한 너의 이야기》, 《알라의 아흔아홉 가지 이름》, 《당당한 내가 좋다》, 〈어린이과학동아 과학편지 시리즈〉, 《동물 농장》 등이 있다.

인격 수업
품위 있고 존경받는 성공을 만드는 삶의 비밀

초판 1쇄 찍은 날 2021년 4월 12일
초판 1쇄 펴낸 날 2021년 4월 23일

지은이	오리슨 스웨트 마든
옮긴이	추미옥
발행인	조금희
발행처	행복한작업실

등록	2018년 3월 7일 (제2018-000056호)
주소	서울시 서초구 서초대로 65길 13-10, 2605
전화	02-6466-9898
팩스	02-6020-9895
전자우편	happying0415@naver.com

편집	이양훈
디자인	윤주열
마케팅	임동건

ISBN   979-11-970572-8-1 (03190)

:: 이 책은 저작권법에 따라 보호받는 저작물이므로, 출판사의 허락 없이는 일부 혹은 전체를 인용하거나 옮겨 실을 수 없습니다.
:: 책값은 뒤표지에 있습니다.